基督教文化研究丛书

主编 何光沪 高师宁

七编 第 **8** 册

人文学的文化逻辑
——形上、艺术、宗教、美学之比较（修订本）（上）

查 常 平 著

花木兰文化事业有限公司

国家图书馆出版品预行编目资料

人文学的文化逻辑——形上、艺术、宗教、美学之比较（修订本）
（上）／查常平 著 -- 初版 -- 新北市：花木兰文化事业有限
公司，2021〔民110〕
日 6+124 面；19×26 公分
（基督教文化研究丛书 七编 第 8 册）
ISBN 978-986-518-379-0（精装）
1. 人文学 2. 文化研究
240.8   110000574

基督教文化研究丛书
七编　第八册　　　　　　ISBN：978-986-518-379-0

人文学的文化逻辑
——形上、艺术、宗教、美学之比较（修订本）（上）

作　　　者　查常平
主　　　编　何光沪　高师宁
执行主编　张　欣
企　　　划　北京师范大学基督教文艺研究中心
总 编 辑　杜洁祥
副总编辑　杨嘉乐
编　　　辑　许郁翎、张雅淋　美术编辑　陈逸婷
出　　　版　花木兰文化事业有限公司
发 行 人　高小娟
联络地址　台湾 235 新北市中和区中安街七二号十三楼
　　　　　　电话：02-2923-1455 ／传真：02-2923-1452
网　　　址　http://www.huamulan.tw 信箱 service@huamulans.com
印　　　刷　普罗文化出版广告事业
初　　　版　2021 年 3 月
全书字数 244783 字
定　　　价　七编 9 册（精装）台币 22,000 元

人文学的文化逻辑
——形上、艺术、宗教、美学之比较（修订本）（上）

查常平 著

作者简介

查常平，笔名西美正，1966年生，重庆长寿人。博士，批评家、圣经学者，《人文艺术》主编，教授。1987年在四川大学、1990年在四川师范大学、2004年在中国人民大学学习日语、美学、基督教，分别获得学士学位、硕士学位、博士学位。学术方向为艺术评论、圣经研究、世界图景逻辑，能够使用英语、日语、希腊语、希伯来语等多种语言进行学术研究工作。人生定向为以信仰为基业、以教师为职业、以学问为志业、以批评为事业、以翻译为副业；以原创性的世界图景逻辑学阐释人类历史的逻辑、奠立汉语人文学术发展的内在根基为学术理念。发表《感性文化批评范式》《什么是逻辑历史学》《橄榄山对话的历史逻辑及其救赎意识》等学术论文200多篇。出版专著《日本历史的逻辑》（1995，成都）、《历史与逻辑——作为逻辑历史学的宗教哲学》（2007，成都）、《人文学的文化逻辑——形上 艺术 宗教 美学之比较》（2007，成都）、《新约的世界图景逻辑》（第一卷，引论，2011，上海）、《当代艺术的人文追思（1997-2007）》（上下卷，2008，桂林）、《中国先锋艺术思想史》（第一、二卷，2017，上海）、《当代艺术的人文批评》（2019，南京）；译著《基督教与西方思想》（卷一，2005，北京；2017，上海））、《现代社会转型中的天皇制和基督教》（2007，北京）、《劳特利奇哲学史》（第三卷，中世纪哲学，合译，2009，北京）、《历史与信仰：个人的探寻》（2013，上海）。主持翻译《人类思想的主要观点——形成世界的观念》（上中下三卷，2004，北京）；主持《都市文化研究》论丛中"艺术中的都市文化"栏目（上海三联书店，2005年至今）；主编《人文批评》丛书（广西师范大学出版社，2008-2009）、《人文艺术》论丛1-17辑、《基督教文化经典译丛》（上海三联书店，2006年至今）；主持"本源·生命"（1997）、"自在：高地当代艺术生态群落展"（2013）等艺术展。2009年前往英国德伦大学、国王学院访学，2011年在波士顿访学，2014年在日本同志社大学访学。曾经任职于四川省文史研究馆（1990-2001），现供职于四川大学道教与宗教文化研究所基督教研究中心，教授新约希腊文、圣经希伯来文、圣经神学、系统神学、基督教经典选读、基督教艺术与美学。

提　　要

　　人文现象的发生场域，是人作为个体生命的文化心理，因此，人文学首先需要对人的文化心理与文化精神加以言说。我们停留在人文心理学与人文社会学的范围言说形上、艺术、宗教三种人的精神样式怎样在人的自我意识与超我意识之间发生。形上是个别自我以人的存在的客体化本源中的生命理智为前景、在观念中追随终极信仰的精神样式。它把个别自我的观念提升到普遍观念（原初观念）的高度，它从追问开始，以追随原初观念为终点。艺术是个别自我以人的存在的客体化本源中的生命情感为前景、在形式中感觉终极信仰的精神样式。它给与个别自我以普遍形式（原初形式）。艺术根源于人的感受，表现为感觉形式。宗教是个别自我以人的存在的客体化本源中的生命意志为前景、在信仰中护守终极信仰的精神样式。它将个别自我的原初信仰奠基于普遍信仰，开头是人的顿悟，结局为对普遍信仰的持守。因此，形上、艺术、宗教因同个别自我的心理结构相联系而属于心理学的关注对象。美学这种学问形态，比起科学、伦理更具有生成性，同样是关于人与自身的关系学科。所以，我们的副标题为"形上、艺术、宗教、美学之比较"，即在它们彼此内在之相关性与差别性中言说。

教育部人文社会科学重点研究基地
四川大学道教与宗教文化研究所项目

感谢毕聪聪、吴莹、董艳玲校对书稿

"基督教文化研究丛书"总序

何光沪　高师宁

　　基督教产生两千年来，对西方文化以至世界文化产生了广泛深远的影响——包括政治、社会、家庭在内的人生所有方面，包括文学、史学、哲学在内的所有人文学科，包括人类学、社会学、经济学在内的所有社会科学，包括音乐、美术、建筑在内的所有艺术门类……最宽广意义上的"文化"的一切领域，概莫能外。

　　一般公认，从基督教成为国教或从加洛林文艺复兴开始，直到启蒙运动或工业革命为止，欧洲的文化是彻头彻尾、彻里彻外地基督教化的，所以它被称为"基督教文化"，正如中东、南亚和东亚的文化被分别称为"伊斯兰文化"、"印度教文化"和"儒教文化"一样——当然，这些说法细究之下也有问题，例如这些文化的兴衰期限、外来因素和内部多元性等等，或许需要重估。但是，现代学者更应注意到的是，欧洲之外所有人类的生活方式，即文化，都与基督教的传入和影响，发生了或多或少、或深或浅、或直接或间接，或片面或全面的关系或联系，甚至因它而或急或缓、或大或小、或表面或深刻地发生了转变或转型。

　　考虑到这些，现代学术的所谓"基督教文化"研究，就不会限于对"基督教化的"或"基督教性质的"文化的研究，而还要研究全世界各时期各种文化或文化形式与基督教的关系了。这当然是一个多姿多彩的、引人入胜的、万花筒似的研究领域。而且，它也必然需要多种多样的角度和多学科的方法。

　　在中国，远自唐初景教传入，便有了文辞古奥的"大秦景教流行中国碑颂并序"，以及值得研究的"敦煌景教文献"；元朝的"也里可温"问题，催生了民国初期陈垣等人的史学杰作；明末清初的耶稣会士与儒生的交往对话，带来了中西文化交流的丰硕成果；十九世纪初开始的新教传教和文化活动，更造成了中国社会、政治、文化、教育诸方面、全方位、至今不息的千古巨变……所有这些，为中国（和外国）学者进行上述意义的"基督教文化研究"提供了极其丰富、取之不竭的主题和材料。而这种研究，又必定会对中国在各方面的发展，提供重大的参考价值。

就中国大陆而言，这种研究自 1949 年基本中断，至 1980 年代开始复苏。也许因为积压愈久，爆发愈烈，封闭越久，兴致越高，所以到 1990 年代，以其学者在学术界所占比重之小，资源之匮乏、条件之艰难而言，这一研究的成长之快、成果之多、影响之大、领域之广，堪称奇迹。

然而，作为所谓条件艰难之一例，但却是关键的一例，即发表和出版不易的结果，大量的研究成果，经作者辛苦劳作完成之后，却被束之高阁，与读者不得相见。这是令作者抱恨终天、令读者扼腕叹息的事情，当然也是汉语学界以及中国和华语世界的巨大损失！再举一个意义不小的例子来说，由于出版限制而成果难见天日，一些博士研究生由于在答辩前无法满足学校要求出版的规定而毕业受阻，一些年轻教师由于同样原因而晋升无路，最后的结果是有关学术界因为这些新生力量的改行转业，后继乏人而蒙受损失！

因此，借着花木兰出版社甘为学术奉献的牺牲精神，我们现在推出这套采用多学科方法研究此一主题的"基督教文化研究丛书"，不但是要尽力把这个世界最大宗教对人类文化的巨大影响以及二者关联的方方面面呈现给读者，把中国学者在这些方面研究成果的参考价值贡献给读者，更是要尽力把世纪之交几十年中淹没无闻的学者著作，尤其是年轻世代的学者著作对汉语学术此一领域的贡献展现出来，让世人从这些被发掘出来的矿石之中，得以欣赏它们放射的多彩光辉！

2015 年 2 月 25 日
于香港道风山

导　论

什么是人文学？

人义学（humanitology），乃是和汉语思想语境下的人文科学（the human sciences，liberal sciences）相区别的一种学问形态。就目前的汉语思想语境而言，一种以经典物理学为原型的自然科学的学术范式，正在大学、社科院的学术体制中假借学术规范化的写作要求得到强有力的椎广，并且在社会科学、人文科学中成为学术话语的标准表达。[1]其终极的依据，在于科学对其他学问形态（伦理、美学）与精神样式（形上、艺术、宗教）的绝对主导地位，在于科学把自己当成了人的全部活动中唯一的学问形态活动，在于把人仅仅看成是生命理智向着物质自然体、自然生命体、肉体生命体而去的存在，在于把人的世界仅仅看成是由物质性的在者（包括植物、动物）和人的肉体生命构成的世界，在于对人的生命情感、生命意志所作用的对象的忽视。它导致在人的存在领域中生命情感的感知能力的贫困、生命意志的决断能力的脆弱，导致在现代社会生活中科学主义的神话化与万能化，仿佛人生、社会、自然、历史的一切问题都可以通过科学来解决。于是，人们以科学为迷信，反而丧失了现代物理学在其发展中显现出的在根本上的怀疑、批判精神。于是，科学沦为在传统意义上的神学。由此推演出的人文科学在体制内的表现形态，就是按照自然科学的发展模型设计出的所谓课题申请、项目攻关、论文写作、定量考评的学术生产与评价体制。大学沦为知识的生产商、传播商，而不再

1　近代学科分化与唯科学主义的现代性危机分析，见尤西林：《人文科学导论》，北京：高等教育出版社，2002 年，第 11-20 页。

是现代人的思想、意义的提供者，更不是真理的大本营，并遭到资本无情的践踏。学者不再有良知而是沉沦为官员、利益的奴仆。一些学者，一方面强调在汉语人文科学研究中要保持研究者的客观立场、学术规范，另一方面他们在学术成果的评奖、职称晋升的评定、科研基金的分配、论文发表的传播、攻关项目的招标中，主要依据的还是自己的主观立场、同当事人的个人感情。本来，形形色色的学术委员会的设立，是为了让学术公正、思想真理得到捍卫。但是，它在今天的汉语思想界却依循现实生活中以人际关系为准则的日常伦理。汉语人文科学中所谓的客观性立场，不过是玩弄学术权力被边缘化的学者们的烟幕弹。谁为真理而写作，谁就可能会遭遇现实的戏弄。为了反抗这种科学在学术、社会、人生中的神化思潮和人文科学的上述污名，我们决定采用"人文学"这个术语，旨在表明人文科学在根本上就不同于自然科学、社会科学。人文学，更不是可以按照自然科学的范式类比来定义的人文科学。当人们采用人文科学的说法时，汉语思想潜在的语境使人不得不联想到"自然科学"中的所谓"科学"一词的含义，即以经验实证与逻辑实证为依据的科学化的意指。[2]当以这种标准来检验人文科学时，它便丧失了人文性。

2　即使在否定的意义上使用"人文科学"一词，也难使其逃脱科学化的意指踪迹："人文科学不关涉历史文本的事实性，也就无法把自己的关涉对象还原为可度量的事实。人文科学关涉的是历史文本中的精神真实，在这里，重要的恰恰是不可度量的精神事实。把生活世界中的价值真实当作自然科学的实验对象，恰是一种精神荒谬。人文科学不能也无须应用度量性的手段，不能也无须获得自然科学一类的客观性。……人文科学所获得的客观性不关涉经验事实，而是人的灵魂定向，人对生活世界的意义真实的普遍内在要求。'客观'在此意味着，意义真实必须能向每一颗心灵开启，满足每一个人对价值意义的内在意向，依靠其全部真实的力量深入到每一个人的内心深处，使人在内心中切实感到它的亲切和确定。……真实的价值意义应当对每一个人来说都富有价值，都有意义。通过个人的精神追问得到的价值意义必须传达给他人，与他人共享，让每一颗孤独的灵魂都领受到恩典般的真实。人的价值存在得以普遍提高，就是人文科学客观的普遍有效性。"（刘小枫：《拯救与逍遥》，上海：上海三联书店，2001年修订本，第17-18页）这种真实的价值，只是超验形态而非经验形态的真实，它排除任意的主观性而非"客观"的主观性。"既然作为现象学—解释学的人文科学关涉的是历史中超历史的普遍有效的意义，必然要求个体精神'主观地'追问。个体精神追问可谓'形式'的主观性，'形式'在这里意味着心灵的生命感受力、敦厚的精神品质、深切的价值感、明晰的理性审辨力。'形式的'主观性把偶然的自我化解为普遍的自我，因而是价值普遍有效性的显现的基本前提。"（同前，第19页）

　　汉语思想语境下人文学的这种涵义，在英语里没有现成的词汇表达。我用拉丁语中的阴性名词 humanitas 的词根 humanit-和作为构词用语的 o+logy，组成它的英文 humanitology。在希腊语里面，后者即"学（logy）"的意思，源于表达言说、话语的阳性名词 logos（动词 logō）。如此造词，依据类似于 etymology（字源学或语源学，希腊语为 etymologikē）、biology（生物学，词根 bio 指生命）。由于希腊语表示"人"的词根 anthropo-在英文里已经有 anthropology（人类学）一词，所以，只好借用拉丁词 humanitas。该词具有人性（human nature）、人类（humanity），人情（human feeling）、仁慈、同情，殷勤，文化、文明、文雅（refinement）的涵义。[3]在这个意义上，人文学意味着通过人的存在对人的全部存在的言说，并且以培养人的整全的人性为目的。通过人的存在，指人文学者需要对自己的存在有独特的体验；言说人的全部存在，指人文学的对象包括人的全部存在本身，在客体化存在本源中内含人的生命理智、生命情感、生命意志的意识活动，在人的主体化存在本源中内含人的我思、我爱、我为的心理活动。这种活动的结果，一方面在主观上形成人作为文化心理存在的意识生命体，一方面在客观上见证人作为文化精神共在的形上、艺术、宗教之精神样式。这三种精神样式本身，又构成人类精神文化的核心内容。所以，人文学必须首先考察人的意识在人的心理中发生的过程，然后具体言说三种精神样式的可能样态。

　　在起源上，人文学是和人文学科（the humanities）相关联的一种学问形态。英文中的 humanities，源自拉丁词 humanitatem，既指希腊、拉丁的语言文学，也指和自然科学、社会科学相对应的人文科学，[4]还指关系到赋有某种文化的特征的学问，通常包括语言、文学、哲学、美术、历史、数学等具体的人文学科，[5]最后指关于人的学问：人学。[6] 我们正是在 humanities 的后两种涵义上来确定人文学的所指。"人文学科（humanities）或者 litterae humaniores（拉丁文：'人文研究'），在中世纪教育中包括经典、哲学和当时的文学。在这种上下文关系中，'Humane'指'关于人的学问'。研习经典，是因为人们认为它们最大限度地展示了人类尘世的知识；研究哲学的原因是它能显

3　*The New College Latin & English Dictionary*, New York: Bantam Books, 1996, p.201.

4　中岛文雄编：《岩波英和大辞典》，东京：岩波书店，1969 年，第 834 页。

5　*Webster's Third New International Dictionary*, Springfield: G. & C. Merriam Company, 1961, p.1101.

6　陆谷孙主编：《英汉大词典》，上海：上海译文出版社，1993 年，第 854 页。

示人怎样思考，及其思考的最高限度是什么；研究当时的文学则是为了表明当时最'伟大'的头脑在想什么。人们认为：这些研究能使人们准备好去生活，或者如果他们要选择职业，这将使他们适合到军队、外交部或政府（这些都不需要进一步深造），也可以适应诸如教会、法律之类需要研究生的特殊职业。……人文学科在绝大多数的欧洲大学中，从中世纪末建校起直到20世纪中叶一直是极受重视的一门课程。"[7]简而言之，古典意义上的人文学科，内含经典研究、哲学、文学，由此延伸出现代意义上的下列学科范围："现代语言和古典语言、语言学、文学、历史学、法学、哲学、考古学、艺术史、艺术理论和艺术实践，以及含有人道主义内容并运用人道主义（这里或许应当翻译为'人文主义'——引者注）的方法进行研究的社会科学。"[8]其实，这个出自《大英百科全书》第十五版的"人文学科"范围的定义，可以缩减为"语言学、艺术、哲学、法学、历史学"，所谓"用人道主义的方法进行研究的社会科学"，指社会科学中内含人文精神的那部分内容，也是在这个意义上，"法学"才被纳入人文学科的范围。在人文学科的古典意义上，宗教属于经典研究的范畴，宗教经典是人类早期文化经典最核心的组成部分。这种共识，在近代人文主义兴起时乃是不言自明的；在现代意义上将宗教从人文学科排斥出去，主要是因为近代以来科学的神化和启蒙运动片面利用人的生命理智否定人的生命意志的结果。

在欧洲，人文学的发展，始终和"人文主义"的思潮相关。"人文主义（源于拉丁语 humanus，指'以人为中心的'），是从 14 世纪开始于欧洲的一场理智运动，并在宗教改革、文艺复兴时期达到顶点。人文主义者通过强调人的理智与文化成就而不是诸如神的干预、生命的短促悲惨以及逃避的需要，来反击中世纪的经院哲学。这场运动，最早兴起于意大利，着重强调对古代希腊、罗马文明的经典著作的研究，代表人物有 14 世纪的诗人彼特拉克，15 世纪的思想家瓦拉、菲奇诺和皮科·德拉·米兰多拉。……菲奇诺和米兰多拉，设法将世俗的哲学与基督教统一起来。1458 年，著名的人文主义者、学者艾伊尼阿斯·西尔维乌·比科罗米尼当选教宗（庇护二世），人文主义运动的胜利才得以确立。

7　麦克利什主编：《人类思想的主要观点》（中），查常平等译，北京：新华出版社，2004 年，第 693 页。

8　尤西林：《人文科学导论》，北京：高等教育出版社，2002 年，第 190 页。

特别是在北欧（法国的弗兰西斯一世与英国的亨利八世，都鼓励传播新的学问），把福音的敬虔同古典学术相结合的努力，带有回归圣经与信仰本源的目的，产生了'基督教人文主义'。在这项工作中，伊拉斯谟（此人编辑出神父们的著作和希腊文的新约圣经）是最重要的人物。人文主义运动对新教改革的影响也很大。许多宗教改革家，包括加尔文、梅兰西顿和茨温利，都有人文主义的背景。他们的思想，明显带有人文主义的痕迹，像罗马天主教会内部许多影响这场改革运动的人那样。所有这一切思想的传播，在很大程度上无不得益于新的印刷术的发明。罗伯特·埃蒂安纳、弗罗本之类人文主义者，出版了几千册书籍与小册子。

古典著作的重新发现（尤其是希腊哲学家及科学家们的著作），知识的检查制度（这种制度带有太多中世纪教会的特征）的放松，导致了在哲学、科学与社会的研究中的巨大进步。这与其说是将上帝边缘化了，不如说是现在让研究人及自然现象成为可能，而无需屈从于对《圣经》的教条解释。人文主义活动的高潮，与欧洲科学研究第一个伟大时期以及同诸如培根、哥白尼、伽利略、哈维、帕拉切尔苏斯之类观察家、思想家的工作相吻合，这并非属于偶然的现象。

在艺术里，古典的（即异教徒的）文学的重新发现，激起了人们对普通人的思想、热情及成见的迷恋。普通人，正好和比喻中的人物、贵族或宗教的知识分子相反。这种倾向，特别在戏剧中引人注目。经过遭受教会压制1000年后，现在再次允许上演戏剧。人文主义时代，是卡尔德隆、维加、最重要的是莎士比亚的职业喜剧盛行的时代。

其次，欧洲知识分子生活中的伟大人文主义时期，是18世纪的启蒙运动。促成这场运动的思想，还是旨在摆脱宗教的桎梏、尊重理智的活动，不用上帝怜悯的保证而用知识照耀人的生活。这个过程，一直延续到19、20世纪的科学理性主义的时代。达尔文主义、弗洛伊德主义、量子力学等，仅仅是这条连续前进道路上的几座高峰。其变化，经历了从理智的等级制到多元论，从确定性到怀疑（常常为理想破灭），从浸透罪恶的艺术写实主义（如陀斯妥耶夫斯基、左拉的小说所显明的那样）到纪实的写实主义（以作家德莱塞和威尔斯的小说为代表）的过程。在此意义上，'人文主义'一词，首先开始指一种公开反宗教的态度，即人不只是'万物的尺度'，而且是唯一的尺度。19世纪的孔德，在他的'人文主义的宗教'的用法中，恢复了这个术语。人文主义的宗教，结果成为与科学家联合捍卫达尔文主义的东西，李普曼在他的《道德序言》（1929 年）一书里，引入了'科学人文主义'的概念。科学人文主义，是一种基于科学和道德而非宗教的哲学。今天，世俗的人文主义，强调人的价值及人权。它的无神论主张，和宗教的基要主义一样是教条的、不宽容的。而正是基要主义，最初导致了世俗人文主义的兴起。"9

不过，从这段关于人文主义 600 年的历史回顾中，需要指出的是：人文主义诞生的背景是中世纪经院哲学，基督教的经典《圣经》在教会以及学者中间从最初合一的注释逐渐开始分离，成为专职的神职人员和神学家乃至圣经学者关注的对象。另一方面，人文主义的世俗化倾向，乃是以西方社会近代以前 1000 年的基督教化为背景。它成为西方思想家们思考问题的基本上下文。近代以来的大思想家，从马丁·路德到洛克、休谟，从康德到黑格尔、费尔巴哈，从马克思到克尔凯郭尔、尼采，从海德格尔到德里达、南希，无不在自己的著作中严肃讨论过基督宗教问题。基本上可以断言：如果一位思想家没有对宗教现象的思考，他的思想深度值得怀疑。当然，出现这种现象的更深原因，还在于宗教属于"人的终极关切"的领域。思想者没有对宗教的终极关切，他就不可能有对人的思想的终极关切。难怪现象学到了汉语学界，只有更多沦为方法论的命运。

和人文学相关的，还有大学文科（liberal arts）这个语词。"文科"（出自拉丁文中 liber，意为"自由人"和拉丁文 ars，意为"技艺"）和专业的、职业的、技术的教育相对照，指传授一般知识和发展人的普遍智能的学院或大学课程。10其称谓开始于 14 世纪的欧洲，代表贵族的工作和技艺，对应下层人士学习的"机械技工"。中世纪大学里，把文科分为七种，共两大类。第一类叫"三艺"（trivium），包括语法、逻辑和修辞；第二类叫"四艺"（quadrivium），包括算术、天文学、几何学和音乐。一个年轻人学完它们后，就成为"文科硕士"，获得攻读"博士"（意为博学）的资格，开始专攻某一科如法律、医学或者最高级的神学。人文科学是 15 世纪在欧洲被提出来的，与上面所说的"文科"不同，它曾被当时的"比较老牌的"大学认为是一种新的越轨。它指与艺术和科学有关的基础教学课程；专为贵族教育设立，

9　麦克利什主编：《人类思想的主要观点》（中），查常平等译，北京：新华出版社，2004 年，第 691-693 页。

10　参见《简明不列颠百科全书》，第 2 卷，北京：中国大百科全书出版社，1985 年，第 409 页。

跟一般劳动者所需的技艺无关。它是法国学士教育的基础，正如文科曾是其他种类的教育体系的基础一样。人文科学的内容，包括天文、素描、语法、绘画和物理学。[11]这里，我们可以看出：无论是大学文科还是人文科学，从一开始就带有今天所说的自然科学如物理学、天文学、几何学之类的痕迹。这也许是人文科学后来自然科学化的历史原因。

人文学的思考，始终和人相关，和思者作为什么样的人来思考相关，和回答"人是谁"的难题相关。"对'人是谁'这个问题的思考同对某个事物的思考不同。我们思考一个物，是思考关于某个事物的知识，而思考人，则是思考'我是什么'；不同于我是根据我学到的知识去识别事物，我则是根据自己存在的形象去观察人。因此，在认识一个物时，我碰到的是'异'，而在同人相遇时，我碰到的是'同'。我是什么，我就看到什么。"[12]反而言之，我所看到的经验，又会影响我的存在，乃至成为我的存在的有机部分。人文学和源自自然科学的人文科学的根本差别在于：前者的出发点是研究者作为人的主体意识生命，并以对自身的体验为前提反思人本身，以及由人的共在构成的社会、人的同在生成的历史。为了使自身成人，这是研究者的首要目标；汉语思想语境下的人文科学研究，其问题意识大多不是来自于研究者的存在体验，其研究目的在所谓学术客观性的名义下让研究者的主体意识自动泯灭了，至于自己所言说的内容更不是为了指导自己的现实生活。一个民族中的学者阶层都越来越丧失了自律，还有什么理由希望普通的公民能够自律？既然研究者所说的思想、观念对其本身都没有自律的效应，那么，它们怎么可能对他人产生生命存在的导向功能？这就是为什么国家在人文科学中每年增加投入后反而学术更加腐败、更无创造力的根本原因。

人文学在汉语现代学术语境中的出现，源于对人的存在的完整理解。人的这种存在，在人的文化心理结构中有生命理智、生命情感、生命意志，在人的主体化存在本源中有我思、我爱、我为，在人类文化的类型中有理性文化、感性文化、意性文化三种。据此，我们在分析了"文化"一词心理层面与精神层面的含义后，着重讨论形上、艺术、宗教三种典型的人文经验，同

---

11 参见麦克利什主编：《人类思想的主要观点》(中)，查常平等译，北京：新华出版社，2004年，第825页。

12 赫舍尔：《人是谁》，隗仁莲译，"中译者序"部分，贵阳：贵州人民出版社，1995年，第10页。

时将美学这种最接近人的精神样式的学问形态并置其中，组成人文学的核心逻辑。

价值逻辑论的人文学观

和一般对形上、艺术、宗教的分别研究不同，我们将其纳入价值逻辑论的宏观框架中言说。换言之，作为人的精神样式的形上、艺术、宗教，唯有从人的心理价值逻辑主体——意识生命体——的生成入手加以探讨。而人的心理价值逻辑，又是处于物理的、生命的、生理的、社会的、历史的个别价值逻辑相中的生成性价值逻辑相。因此，有必要从和自然科学的对照中来审视人文学。

人文学的根据

人文学，探究由人生成的一切人文现象。人文现象在历史中的承传，是人文学得以成立的条件。但是，人的生成性或创造性的规定性来于何处呢？为什么在物质界、生命界和动物界中我们未发现人所具有的这种生成性本质呢？

按照价值逻辑论，人是介于物性和神性的中间性存在者。这种中间性，如果从在场方式看，包括人作为生物的生长性、作为动物的生存性、作为共在者的共在性和作为同在者的同在性。它们共同融汇成个体生命的存在性。从人性的内容看，人是在物性中的神性存在者和在神性中的物性存在者。这样，从学科的问世条件方面，我们可以说：专门以展开神性为使命的神学，构成人文学的根据。因为，恰好是神学所要开启的神性为人的人性的获得给出了必要的可能性。离开神性之维，人的社会性、历史性将向动物性沉沦、最终以物性为单一的维度。人最终会降格为物性的生存者。神学把人置入和上帝的相关性中，或者说把潜在的人与上帝的相关现象当作显在的现象来加以研究，这从学科上为人文学所关注的对象提供了保证。在根本上，是神学给了人文学以人文性，它是关于世界图景逻辑的普遍信仰体系。[13]这种体系的核心，即个人与上帝的关系。在一定程度上，任何哲学都是神学，即使以否定上帝存在为内容的哲学体系，也摆脱不了作为人文学一部分的哲学对神学

---

13 2007 年版中，这里使用的是"历史逻辑"而非"世界图景逻辑"。在后来的思想中，笔者发现"历史逻辑"仅仅属于"世界图景逻辑"中的一个维度。其他还包括语言逻辑、时间逻辑、自我逻辑、自然逻辑、社会逻辑、神圣逻辑。

的依赖性，因为当研究者开始否定上帝时，他已经承认了上帝的存在，否则他否定什么呢？如果研究者否定的仅仅是一个观念，那么，为什么很多人会反复出现关于上帝的观念呢？而且，他还要回答这种关于上帝的观念的起源以及对人的存在有着什么样的意义之难题。神学最终的目标，是为同在者全体建立起普遍的信仰，以此开出世界图景逻辑的普遍性。但是，所有这一切，都指向个人对其存在丰富性的占有。

人文学的对象

　　人文学，以生成性价值逻辑主体即人的意识生命体、精神生命体和文化生命体为对象。人文学家，并不像自然科学家那样有现成性的对象供其研究，他的意识生命决定着他所意识的对象和边界。正是在这个意义上，从自然科学引申出来的人文科学方法论失去了依据。因为，自然科学的对象，是现成性的物质世界、生命世界、动物世界。个体生命的绝对差别性，是人达成人文学的结论的丰富性的原因。当然，这并不意味着我们对个体生命的绝对相关性的否定。甚至可以说，人文学的全部使命，就在于为个体生命的共在给出理性的证据。人文学关注的，尽管是人这个被创造者，但它还要在这种关注中再次创造他，在意识、精神、文化上充实它的研究者，从而为人类生命给出个别的、特定的图景，并使研究者本身成为人文学的对象的见证。

　　一般情况下，自然科学家只能选择既定的方式进入他的对象，除非他要创立一种新的理论。即使如此，他所选择的方式始终有限。相反，人文学家必须用自己的经验方式对他的同行所设定的问题域加以重审，以至于重新提出自己的对象的内容。其中，他本人的意识生命以及他对待人类文化传统的方式，在铸成他的对象的过程中起着根本作用。

人文学的语言

　　和人文学的对象相呼应，人文学也有差别于自然科学的语言。人文学的语言，从形上这种精神样式的感应性符号语言扩展而来。在我们关于形上之外的艺术和宗教两种精神样式及其他学问形态的言说中，在我们展开价值逻辑论的全部内容中，我们采用的都是感应性符号语言。从前，构成人文学的各门学科大都带有感应性符号语言的特点，这和人文学所呈现出的哲学语言相关。

为什么人文学以感应性符号语言为自己的语言呢？人文学作为一种学术形态，它的建立必须以人的生命理智的我思为条件，而借助于观念的感应性符号语言，正好构成我思的内在方式。当然，在现代人文学中，纯思也利用了象征性语言的丰富性和指使性语言的有力性，来帮助人文学向一种学术形态成长。但是，人文学家内在的自我感应力和他对其外在的社会现象、历史现象的感应力，迫使他更多地选定观念而非感觉、感受、直觉、顿悟为自己的言说方式。人文学所呈现出的差别性，恰恰是其研究者作为个体生命的见证。丧失独特的感应能力，人文学家的研究就成为一种重复性而非创造性的劳动。这种劳动，最终剥夺的是人文学家的人文身份。

人文学家是否意识到人文学在语言上的独特性，另一方面标志着他对以概念性符号语言为语言的自然科学的意识。人文—社会科学把现代人文学术理解为以知识学为原则和方法的学科，这不但背离了以人文学为内涵的人文学术的精神，而且是科学主义神化在当代学者心中统治的结果。何况，人文学赖以存在的观念，永远不可能在知识学的意义上得到实证。价值逻辑论把物理的、生命的、生理的三相价值逻辑当作个别价值相来加以展开，正好表明自然科学在原则和方法上对人文学的有限性。因为，人文学所具有的价值逻辑主体——意识生命体、精神生命体、文化生命体，背靠着自己的原则和方法。

人文学的使命

人文学不仅在对象、语言两方面显示出自己与自然科学的差别，而且这种差别还表现在它的特有使命上。建立关于自然现象的普遍知识体系，不再构成人文学的目标。因为，人文学所成就的，是关于人文现象的普遍价值体系。它为人类生命贡献出既相差别又相关联的人文图景，为之提供栖居的处所。除了对意识、精神、文化三种现象加以反思外，再也没有其他对象能构成人文学的问题域。事实上，价值逻辑论正是依循从意识反思心理、从精神审视社会和从文化观照历史的策略，自觉献身于人文学的重建工作。对此，以人与自然的关系为对象的科学和以人与上帝的关系为对象的神学，都不可能代替人文学在人类生命成长历程中的特殊功能。人文学的价值，不在于它能否使我们得到多少关于自然现象的知识（这种要求出自科学主义的人文科学观），而在于它使我们认识到人的心理、精神和文化的丰富性与多样性。在此意义上，人文学是关于人与自我、人与人（生者与死者）如何相关的学术形态。我们后面对形上、艺术、宗教、美学的探讨，就是在回答人与自我的关系；至于人与生者的关系，我们在《历史与逻辑——逻辑历史学引论》书中的"社会学"里分别以社会伦理学、社会政治学、社会经济学、社会法学的学术形态做出了讨论；而人与死者的关系，事实上就是人与历史的关系，属于历史学所关注的对象。

此外，即使价值逻辑论在言说心理学、社会学、历史学时也考察过它们和神学的关系，但这种考察，并不能代替以承诺历史逻辑的普遍信仰体系为内容的神学研究本身。相反，人文学在学科上的终极根据是神学，正如个人与上帝的关系成为人与自然、人与他人、人与自我的关系的终极依据一样。因为，"个体、社会及历史，没有自身存在的根据和总体意义，换句话说，它们是偶在的。个体、社会及历史，不能自封为绝对者；它们并不是它们本身。当然，基督徒将按照其对上帝创世的信仰来解释这个事实，认为在永生的上帝中，个体、社会及历史获得了其存在的根据和总体意义。上帝引导他们走向自治。"[14]

人文学的分类

根据人文现象发生的领域，价值逻辑论把人文学分为人文心理学、人文社会学和人文历史学。我们把独立于自然科学的社会科学也纳入人文社会学的范畴，原因在于："社会科学家研究的是人的社会，研究的是各种种族的人的社会。如果要忠实于自己的使命，他就永远也不能忘记，他是在研究人的事物，研究人。他必须把人当作人来反思。并且，对这一事实他必须有足够的意识——他自己就是人，而且社会科学始终都是一种关于自我的知识。社会科学，作为对人的事物之人的知识的探求，涵盖着这一作为其基础的知识——构建人性的知识，或毋宁说，使人变得完整、整全，使他成为真正的人的知识。"[15]

由于价值逻辑论是在基于对人性的中间性的理解前提下阐明心理的、社会的、历史的价值逻辑，所以，它本身就构成人文学的一部分。不过，这种阐

14 Edward Schillebeeckx, *The Understanding of Faith Interpretation and Criticism*, London: Sheed and Ward, 1981, p.133.

15 列奥·斯特劳斯："社会科学与人文主义"，《人文艺术》，第 5 辑，贵阳：贵州人民出版社，2004 年，第 393-394 页。

明，更多地带有共时性的而非历时性的特点，它直接关涉到个体生命的人文现象。至于从历时性方面展示各门学科的人文性生成历程，那属于逻辑历史学的一项任务。

人文学中的价值逻辑论（本书的内容）

人文现象的发生场域，是人作为个体生命的文化心理，因此，人文学首先需要对人的文化心理加以言说。然后，我们停留在人文心理学的范围言说形上、艺术、宗教三种人的精神样式怎样在人的自我意识与超我意识之间发生。美学这种学问形态，比起科学、伦理更具有生成性，同样是关于人与自身的关系学科。所以，本书的副标题为"形上 艺术 宗教 美学之比较"，即在它们彼此内在之相关性与差别性中言说。

人文性意味着：个体生命在虚无中的自我建立和建立的个体生命如何同他人共在。正因为有限的个体生命绝对有限，所以，个体生命不再是人文性的终极设定者。个体生命所选择的造就自己存在的方式，只有在同他人共在的前提下才赋有人文意义。而在个人的存在中，形上、艺术、宗教恰好是纯粹人文性在场的三种方式。它们分别和科学、伦理、美学三种学问形态成为人反抗虚无和死亡的方式。原初超越和原初信仰，是人的生命意志反抗虚无和死亡的方式；原初人格和原初形式，是人的生命情感对抗虚无和死亡的方式；原初概念和原初观念，是人的生命理智从虚无和死亡中生起的方式。

当生命意志以直觉性指使语言向此岸世界去实践人类的原初超越时，美学的对象、语言、使命就由此得以规定；当生命意志以顿悟性指使语言向彼岸世界而去构建人生的原初信仰时，宗教的对象、语言、使命被呈现。美学是生命意志以直觉性指使语言在此岸自我实践人类之原初超越的学问形态，宗教是生命意志以顿悟性指使语言在彼岸为人生生起原初信仰的精神样式；伦理是生命情感以感受性象征语言在此岸社会为人类建立原初人格之学问形态，艺术是生命情感以感觉性象征语言在彼岸为人生展示原初形式的精神样式；科学是生命理智以对应性（或称为知觉性）符号语言在此岸自然为人类发现原初概念之学问形态，形上是生命理智以感应性符号语言在彼岸为人生思出原初观念的精神样式。

精神样式和学问形态，各自都有自己的中心问题。这种问题由直陈语气的语词构成。科学、伦理、美学的中心问题分别为知识之真伪、道德之善恶、审美之美丑；形上、艺术、宗教的中心问题分别为人生意义、人生形式、人生信仰。学问形态的中心问题永远伴随人类，因它们是人类共同直面的问题；精神样式的中心问题是个人性的，它们必须由个体生命自己解决。人作为个体的人，需要自己努力发现或塑造自己的人生意义、人生形式、人生信仰。

当人的自我意识向我意识的时候，其结果是创造了理性文化、感性文化、意性文化。这三种文化类型，是自我意识的客体化对象。不过，自我意识在意识活动中还得有参与此种活动的主体，即意识的主体化本源。在讨论到理性文化与感性文化的主体化本源时，我们提出我思和我爱。同样，意性文化的主体化本源在我为中。理性文化以人的自我中的生命理智为前景，以人的生命情感、生命意志为后景，以此实现个体生命的人类学不朽。

义化心理结构的客体化本源，内含生命理智、生命情感、生命意志；其主体化本源，包括我思、我爱、我为。两种本源互相结合，对象化为文化精神，有理性文化、感性文化、意性文化的差别。它们进而分别把我生成为理性的、感性的、意性的我。

我思、我爱、我为是三种文化类型的主体化本源，作为存在本源的生命理智、生命情感、生命意志为其客体化本源。在人的自我意识中，我思、我爱、我为及生命理智、生命情感、生命意志，分别为理性文化、感性文化、意性文化的主体化本源和客体化本源。它们各自通过知觉、感觉、直觉护守个别物的差别性和相关性。所有这一切，都是将自我意识作为一种结构性的文化心理现象的言说。它从静态方面探求"我"如何生成在人的自我意识中。

我体生命在我体同在力和生命意志中生成着的纯粹我，最终确立了人的存在的主体性、个体性和我体性。而且，人这个主体生命、个体生命、我体生命的存在者的所有差别性规定，都同充当同在者另一方的上帝发生关联。心理动力与心理结构在横向超越中创生的理性文化、感性文化、意性文化，把人从心理意识性的存在中解放出来，使人生成为精神性的、文化性的存在者。

另一方面，主体化本源与客体化本源，一同构成人的存在本源。客体化本源指我的思、爱、为的完成方式。我思以存在本源中的生命理智为前景、以生命情感、生命意志为后景生成理性文化；我爱以生命情感为前景、以生命理智、生命意志为后景生成感性文化；我为以生命意志为前景、生命理智、生命情感为后景生成意性文化。文化的客体化及主体化本源，同样是人的存在的客体化及主体化本源。

在文化的精神层面，我们着重讨论了文化的精神结构、精神动力、精神超越的内含以及它们的相互关系。在人从意识生命体向精神生命体的转换过程中，人作为精神生命体有四种共在活动——言说、倾听、书写、阅读，其中相关的范畴包括话语、语言、言语、场景、文本、对话。无论精神动力和精神结构的内部超越还是两者间的外部超越，都指向人从精神生命体向文化生命体的变形。心理超越把人从意识生命体引向精神生命体；精神超越把人从精神生命体引向历史性的文化生命体。

在关于文化的心理性与精神性的解明中，我们发现形上、艺术、宗教这三种精神样式正处于文化心理层面和文化精神层面的交汇点。它们处于心理学与神学之间的边缘地带。

个别自我于超我意识中承受普遍自我的承诺，也是心理学在上承受神学承诺在意识现象中的相应方式。个别自我的在上承受与普遍自我的在下承诺的合一，带出形上、艺术、宗教三种精神样式。

形上是个别自我以人的存在的客体化本源中的生命理智为前景、在观念中追随终极信仰的精神样式。它把个别自我的观念提升到普遍观念（原初观念）的高度，它从追问开始，以追随原初观念为终点。

艺术是个别自我以人的存在的客体化本源中的生命情感为前景、在形式中感觉终极信仰的精神样式。它给与个别自我以普遍形式（原初形式）。艺术根源于人的感受，表现为感觉形式。

宗教是个别自我以人的存在的客体化本源中的生命意志为前景、在信仰中护守终极信仰的精神样式。它将个别自我的原初信仰奠基于普遍信仰，开头是人的顿悟，结局为对普遍信仰的持守。

因此，形上、艺术、宗教因同个别自我的心理结构相联系而属于心理学的关注对象，又因同终极信仰的在下承诺有关而和神学纠缠一起。它们都是人的超我意识承受在上的普遍自我或“终极实在”的精神样式。但是，其承受方式的根本差别体现为：形上以原初观念承受普遍观念背后的终极信仰，艺术以原初形式承受普遍形式背后的终极信仰，宗教以原初信仰承受普遍信仰背后的终极信仰。作为个体生命对终极信仰的个别承受，它们开启的真理永远是有限的。艺术在形式中展示精神，形上在观念中言说精神，宗教在信仰中认定精神。艺术的历史，是精神如何展示于形式的历史；形上的历史，是精神如何言说于观念的历史；宗教的历史，是精神在信仰中得到认定的历史。

在最富有生成性的意义上，作为学问形态的美学更接近精神样式。所以，我们在本书最后部分，就美学的对象、语言、使命展开讨论。生命意志作为人的存在本源的一部分，通过原初超越和原初信仰反抗虚无与死亡，在学问形态上呈现为美学，在精神样式上为宗教。美学在所有学问形态中最少有现成的形态性的规定，尽管我们将美学理解为一种生命意志向我而为的学问形态。科学、伦理和美学这种学问形态相对应。科学在概念阐释中建立自然的普遍知识体系——关于自然的秩序图式，伦理在感受描述中为社会的共在者全体确定普遍道德体系——关于社会的秩序图式。

第一章　文化的逻辑

文化的内在与外在层面

　　人生活在文化中。文化心理现象，是相对文化精神现象而言的。文化内含两个层面：心理内在层面与精神外在层面。文化心理内在层面是个体生命的文化本源，文化精神外在层面为人类生命的文化存在。前者从本源论的意义上把人从自然人生成为文化人，后者从存在论意义上把人从自然人确证为文化人。文化作为一种现象，有一切现象的建构性、解构性、相关性的特质。根据文化的心理性及精神性，它在心理内在层面包括文化心理结构（文化心理的自我建构）、文化心理动力（文化心理的自我解构）、文化心理超越（文化心理结构的不确定性、开放性、解构性以及文化心理动力的确定性、闭锁性、建构性）三方面；在精神外在层面包括文化精神结构（文化精神的自我建构）、文化精神动力（文化精神的自我解构）、文化精神超越三方面。不同的文化，主要是个体生命间文化心理和种族生命间的文化精神的不同。

　　文化心理内在层面与文化精神外在层面的差别在于：前者是就个体生命而言的现时性现象，后者是就人类生命而言的历时性现象。所以，个体生命要生成为人类生命中的一员，他必须实现从个体生命（文化心理）向人类生命（文化精神）的转换。这种转换的结果，保存在历史中。文化心理向文化精神的转换过程，是人从自然人向文化人的生成，是文化心理的语言化、书写化、文本化的过程。

文化心理通过个体生命用语言将言语书写成文本，[1]转换为人类生命的文化精神。文化精神通过个体生命用言语把文本阅读成话语，转换成个体生命的文化心理。语言、书写、文本，是个体生命的内在文化心理转换成人类生命的外在文化精神的中介；言语、阅读、话语，是人类生命的外在文化精神向个体生命的内在文化心理转换的中介。语言、书写、文本的贫困，导致人类文化精神生命的贫困；言语、阅读、话语的富足，使个体文化心理生命富足。

至于文化的精神层面，价值逻辑论将在《历史与逻辑——逻辑历史学引论》中的社会价值逻辑部分讨论。关于文化本身的规定性，价值逻辑论在历史价值逻辑中展开。

文化心理结构的稳定性，使之为建构性文化心理现象的典型。文化心理动力的不定性，是它代表文化心理现象的解构性的原因。在心理结构与心理动力之间，还有心理超越，有通过心理超越实现心理动力对心理结构的解构。

文化心理结构

文化心理结构内含生命理智、生命情感、生命意志。作为构成性的对象，它们生成在意识生命对其构成性的活动中。换言之，它们不是一种现成性的、事实性的、放在固定时空中的在者，而是一种生成性的、价值性的、活动在心理时间中的存在。没有人作为生命向我的存在，就不存在生命理智、生命情感和生命意志。

文化心理结构的生命性，将人的潜我意识自动纳入自我意识中，即人的理智、情感、意志是根源于肉体生命的生存延续、自然生命的生长结果、物质自然之在，同时又是超越于它们的生成性对象。人的自我意识，在文化心理结构中分解为向我生成的作为客体化存在本源的生命理智、生命情感、生命意志。人的生命不但内含不可代替的我，而且人的理智、情感、意志还在为人建构仅仅属于个别存在者的我。

借什么建构人的自我？难道在知觉之外生命理智还能选择其他手段吗？生命理智在知觉功能协助下，对人的本质和本能展开差别性的意识。知觉要

---

1 这里所说的"文本"，指凡是在话语流动中留下形成的东西，除了用文字符号记录下来的那部分外，还包括在人心中以格言、警句等方式进入记忆并口传的内容，以及形上家、艺术家、宗教徒。

在各种在场者之间或在场者内部建构差别。知觉功能作用于人本身，即人的意识以自身为对象，在人内部区别出他的本质性与本能性。反过来，本能与本质的差别，出现在人的自我意识中，标记着生命理智的最初成长。生命理智第一阶段的使命，在于从人的生命中抽象出本质与本能两个观念，而不是为人的生命给与一般的本质性或本能性的规定。

生命理智的三阶段

生命理智的第二阶段继续第一阶段的工作，将知觉直接转向人从生命中抽象出的本质性与本能性，对它们加以发问，追问人的生命的本质是什么、本能是什么。这种追问的结论为：人的生命本质是存在，生命本能是生存。生存使一切生命尤其是动物的肉体生命区别于无生命物，存在使一切意识生命体区别于现成性的价值逻辑主体即物质自然体与自然生命体。

人的生命本能是生存，这同时是一切肉体生命的本质性规定。但是，这不足以将人和其他肉体生命体——动物——相区别。正是人的生命本质、人的存在，最终把人和动物相区别。人的存在是人与动物的差别性规定，人的生存是人与动物的相关性规定。生命理智的第三阶段，驱使人意识到人的生存本能与存在本质的具体内容。人的生命本能，即一切肉体生命体的生存延续性。如果人以此为人生的目的，那么，人的生命本能将会使人越来越动物化，甚至在动物性上胜于动物。但是，这不是人的自我意识在生命理智中所要达到的目标。因为，生命理智的基本使命，是在人的意识生命内部给出差别性的承诺。

反抗虚无与死亡的两种方式：原初概念、原初观念

人的存在本质，既然差别于人的生存本能，既然人的生存本能是肉体生命自动的生存延续，那么，它显然不是人的肉体生命的自动生存延续，而是反抗生存延续的肉体生命的本能。它就在于在反抗肉体生命中丰富肉体生命，在于在反抗虚无和死亡中生成仅仅属于反抗者的自我。存在者在反抗虚无和死亡中存在下去。这种反抗，必须借助于生命理智的知觉功能本身，借助于在肉体生命之外的原初概念和原初观念的提出。因为，原初概念将存在者关怀的个别物相区别，原初观念将存在者同自身一类的存在者相区别。

原初概念，诞生在人的生命理智朝向事实性在者的意识中，诞生在人对自然之思中。由原初概念形成原初的判断，它将千差万别的自然界、人之外

的个别物纳入普遍有序的知识体系。由原初概念奠定的判断、推理、定理、公理，形成科学。

原初概念和原初观念，同是生命理智反抗死亡和虚无的方式。原初概念的出现，表面上是科学家思维活动的产物，实质上离不开那个自我切中的对象。上帝以"其所是（אֲשֶׁר אֶהְיֶה WHO I AM, NIV）"规定"我是（אֶהְיֶה, I AM, NIV）"，[2]"其所是"便是"我是"的切中对象。这里，无需任何经验及逻辑的实证，因为"我是"已经被规定为"其所是"了。原初概念在科学家思维中的出现，按照科学的对应性符号语言原则，需要所指对能指的切中。个别切中行为的基础，又在"我是其所是"的本源性切中之中。上帝"是其所是"，为原初概念指向个别现象应许了终极的合法性。难怪历史上的许多科学家，在提出一个定理的早期，都能坚信自己的定理所依据的原初概念的存在。这种科学进步中的信仰成份，在终极意义上离不开上帝在"我是其所是"中所表达的信仰性确定。原初概念的原初性，由信仰"我是其所是"的信仰者自我给与。

原初观念将人的存在和存在者中的存在相区别。它诞生在人的生命理智面对人自身的存在之思中。存在者凭什么去反抗死亡，其中的一种方式为存在者在死亡中生起原初观念。根据原初观念，存在者生成自己的思想体系，给与自己的人生以意义，这便是哲学的本真使命，笔者称之为人的形上精神。

一个形上家和另一个的不同，根本上是他所感应的原初观念的不同。个别形上家依照自己的原初观念，在创立个别性的形上体系中给与自己的人生以意义。但是，原初观念的原初性的根据何在呢？什么是个别原初观念的所有者的原初性观念的给与者呢？

个别原初观念所有者的原初性观念，不由其他个别原初观念的所有者承诺。原初观念的所有者的个别性，即他的有限性。有限性的原初观念的所有者，无能绝对承诺其他所有者拥有的原初观念的原初性。一切个别原初观念的所有者，无不声称自己的原初观念的普遍性。这种声称表明：个别原初观念的根据的在上根源或普遍根源，不在个别形上家本身，而在和所有形上家同在的普遍自我。但是，在哲学史上，不少哲学家总是宣称自己的原初观念就是那赐予其他人的个别原初观念的根据本身。

---

2 《出埃及记》3：14。

在基督教的教义中，普遍自我的普遍性，由三一上帝的普遍性所规定。上帝在同摩西对话中，宣称祂的圣名为"我是其所是"。[3]上帝自身，也不同于摩西、亚伯拉罕、以撒、雅各所是的，而是和他们同在的神圣位格。这个神圣位格，借助耶稣基督及圣灵的功用，将普遍自我永远规定为"我是其所是"的普遍原初观念。

上帝关于自身的"我是"，成为个别原初观念的普遍性的承诺者。因为这个"我是"，依存于自身的"其所是"而非其他的外在所是对象。相反，所有外在的所是对象，无不是"我是"在下承诺的结果。"我是"这个原初观念的原初性，为一切个别原初观念的所有者在观念上选择形上存在方式给出终极可能性。

理性文化 科学 形上

科学与本真的哲学（形上）构成理性文化。理性文化将自然界中的个别物的差别性及相关性建立在普遍的知识体系中，同时，给予那些追求差别性的存在者以观念上的原初差别，应许其存在者以意义。理性文化以人的自我中的生命理智为前景，以人的生命情感、生命意志为后景，以此实现个体生命的人类学不朽。理性文化对个体而言的意义就在这里。

生命理智利用知觉功能，在人的生命中形成由差别性的概念与观念组成的结构。所以，由人的生命理智创始的理性文化，属于结构型文化。它为人类给出一个思想、真理的明晰的生命理性世界。其中，由生命理智创造的思想与真理即形上与科学，成为人类共有的文化财富。

作为结构型文化，理性文化后景置入生命情感和生命意志，使之不可能沦为保守性的、积淀性的、固化的文化类型。理性文化在外部表现为理性对传统的支配，凡是不符合理性的传统就应该被重新诠释、加以重建。原初观念和原初概念，在这种重建中起根本作用。理性文化在内部体现为生命理智对生命情感、生命意志的支配。理性是人心中的最高力量，应该统治欲望（柏拉图）；理性应完全压制情感，谋求精神上的宁静（斯多葛派）；悲剧的力量在于净化激情（亚里士多德）；伦理行为应被归结为保持理性对情感倾向的绝对统治（康德）。这些关于理性的规定，无不表达了理性文化的创造者的文化

---

3 《出埃及记》3：14。

理想。人是理性的存在者，这是理性文化的人格理想。

差别性直观，在对象界中直观个别对象的差别。一个对象和另一个对象，要么彼此是差别性的、个别性的，要么是无差别性的、同一性的。因此，我思根据肯定或否定的原则。我在肯定或否定中，把我的差别性意识附加到对象中。一旦直观主体充分认识了对象，其思的结果就只能是肯定的或否定的。

我思

我思是我通过符号语言的思。符号语言的语意，由语音的差别性发声给与，从能指向所指的过渡，以差别性发声为中介。所以，我思的主体和其客体具有隔在性。我总是把所思的对象设定为我应该当作的思的对象，我只有把所思的对象纳入一种在先思过的对象。于是，我思在其展开中要求思的主体切中思的客体，或者以概念切中自然图景，或者以观念切中心灵图景。

切中带给我思以自明性。任何我思，都是我在思而不是他在思，我思同我结上姻缘。我思又向我而思，是内在的思，是我构造自身的一种方式。我思中的我，绝对在思中被给与。胡塞尔把我思（"纯思"）当作认识的本质来描述。不过，正是我思构造着认识，认识基于我和思的姻缘。我思的自明性，还意味着在思中被所与的自明性。我思给与人类明晰的自然图景和心灵图景。

切中要求我思其所思，要求能指与所指、我思的主体与我思的客体对应。我在思中所用的概念或观念，要么切中自然界中的个别物，要么切中人文界中的个别现象。自然界中的个别物，指由物质、植物、动物构成的一切现成性对象；人文界中的个别现象，包括人的心理界、社会界、历史界中的一切生成性现象。

我思是理性文化的主体化本源。它给与科学及形上以可能性。科学所承诺给人类的关于自然的普遍知识体系，无不是科学家在逻辑实证中所预设的概念切中自然界中的个别物的结果。这种切中的过程，可以称之为"经验实证"。切中既要求切中主体和切中客体的同一性，同时需要两者的差别性。切中主体，不能因付出了切中的努力将自己能思的概念附加给所思的对象即切中客体。切中主体必须参照对象自身呈现出的差别性，将这种差别性纳入自己的差别性概念谱系中。所思对象的差别性，由普遍价值根据终极差别先于切中主体而被承诺。科学家（以物理学家为代表的自然科学家）在其思维活动中的角色，是将差别性的所思翻译成差别性的能思（概念集），或预设一种个别性的概念来表达对象。至于切中客体的差别性或切中主体的差别性概念的切中，由我思来达成。对象的差别性之在和思者的差别性概念切中，知识就在科学家的思中出现了。

在形上之思中，我思的客体，不像科学之思那样在先呈现在主体面前。所思对象的差别性，源于能思者的差别性直观活动。我在我所思的活动中，被我的差别性直观所给与。由于我向我而思的活动，我被以一种差别性存在之物的方式开展在我的思中。于是，我能思的切中为我所思的；我所思的又切中为我能思的。我在思中和自己的观念性存在照面。我以观念的差别性流走从虚无地平线上带出我的存在，或者说，我的存在即我的观念的差别性直观活动。这种活动的发生，限定在形上之思中。其实，尽管我所思的和我能思的，必须在形上之思中互为切中，但是两者的差别性间距依然存在。如果形上家要实践自己的我思，其所思的对象必须是由原初观念承诺的一个观念，因其本源论上的原初性，由形上家所预设的相对自己的原初观念，仅仅是永不可能企及的终极观念的现象。形上之思的可能性，在于思者的所思和能思有间隔。正因为如此，形上的我思和艺术的我爱，有相关性与差别性的规定。形上观念的切中及艺术形式的注入的相关性表现为：切中主体与切中客体在我思中同一，注入主体（艺术家）与注入客体（艺术作品的形式）在我爱中同一。但是，前者的同一，又在更高层面的观念中显现为差别；后者的同一，使艺术家在个别相对有限时段内找到了自己的生命情感最完全的形式。或者说，前者是在观念中的我思，因其语言的符号性而是差别性的我思；后者是在形式中的我爱，因其语言的象征性而是相关性的我爱。象征语言的能指与所指互为替代，符号语言的能指与所指互为间隔。

理性我

理性文化源于人的我思，源于人对自然及自我的结构性之思。这种思的结果，构成人的理性我。理性在功能上，指人的建构能力；在结构上，即人所建构的概念、观念秩序。据此，世界理性，指人在思世界中形成的世界秩序；人类理性，指人在思人类中得到的人类秩序；历史理性，指人在思历史中生成的历史秩序。理性带给人理性文化的遗产，它将知识和思想应许人，让人明晰自然的有序图景及人心灵的有序图景。

生命情感的感觉功能

在理性文化后景置入的存在本源（指人的生命建构我的本源性力量——生命理智、生命情感、生命意志）中，有生命情感的存在。否则，理性文化将沦为僵死的、仅仅是关于自然、自我的差别性的绝对给与者，一切差别性的对象彼此失去相关性的可能性。生命情感在人的文化心理结构中的功用，在于承诺差别之物的相关性。其承诺方式为感觉。人的感觉功能，表面上是对个别之物的差别性的感觉，实质上是对其相关性的感觉。感觉在感觉中感觉到差别之物的相关性。生命情感的丰富性，体现在人的感觉功能的发达程度上。人的感觉功能越灵敏，其生命情感将越丰富。丰富的生命情感，反过来又升华了人的感觉能力。

生命情感，通过感觉功能应许的相关性建构力在一切差别之物存在的地方建立相关性的图式。它流到哪里，哪里就有差别性向相关性的融汇。生命理智似自然界中的山，它为自然标明大地是由岩石、丘林、树木等的差别性之在者的集合；生命情感如自然界中的水，它将有山的地方抹为相关性之在，河流下虽然有万物种种，但其表面除了湍急流荡便是粼粼波光。差别性的山被相关性的水融为一体。

生命情感的三阶段

生命理智在知觉功能中给与人和对象以差别性，生命情感在感觉功能中应许人与对象以相关性。两个对象相关，不等于它们是合一的一体，而是它们在持守自己的差别性中向对方的依靠。生命情感在个体生命中，第一阶段是感觉到人与良心的相关性和同一性。良心即生命理智在人的心理世界中构成的绝对自我，每个人有自己的良心，因为他们只有属于自己的我。假如人的良心未经人的生命理智的建构，那么，人与良心的相关性就是人与自己的肉体生命的同一性。人于是丧失良心。这就是俗语为什么会说："良心被狗吃了！"人已经变为像狗一样的肉体生命体了。人反过来由人的生命本源的存在给与，假如人的生命本源只是潜我意识的对象，那么，作为相关一方的人也沦为肉身。肉身与肉体生命不但相关，而且绝对合一。这种合一，使人意识到自己就是动物，就是一个有意识地向动物迈进的高级动物。所以，生命情感应许人与良心的相关性或同一性，并不能单单依靠生命情感的功用，它必须由生命理智在先承诺相关性的对象之差别，才有相关性对象的相关。

　　人在生命理智中，生成相关性的主体和客体——良心。人在生命情感中，实现这种主客体的同一性。处于同一状态的人，他拒绝怀疑良心的呼声，良心所指示的就是人所需要的。倘若良心未经生命理智的加工，倘若良心没有对人的生命本能与生命本质的差别性自觉，那么，人和良心的同一，必然表现为对命运的归顺、对自己本能性的放纵甚至产生对本能性生存的信仰。因为，肉体生命的生存延续木能一旦成为人的良心的内容，人的生命情感在第一阶段就降格为人的动物性生存。这种动物性生存的我，因其和其他动物的同质性而是反我存在的，即动物性生存的结果是人对自我的弃绝和对一切个别性存在者的对抗。

　　由生命理智在人的良心中生成的差别性自我，在人的生命情感中对象化为人和差别性自我的同一性信仰。一旦由生命理智确立了人的自我，那么，人在生命情感的引导下，就会认同这种内容，绝对相信它的真实性、完美性，将生命建立在其上，相信生命在这种相信的对象上能够生出意义。

　　如果良心的内容为一种差别性的自我规定，当人的生命情感转向和自己一样赋有生命情感、一样赋有差别性自我规定的共在者他人时，人将意识到自己的个体生命与他人的个体生命的相关性。个别性的共在者，在显明自己的个别性中彼此相关为一体，同时向终极信仰显明自己的个别性。因为，如果个别性共在者的个别性不是以终极信仰为保证，那么，它将是一种被代替的个别性；如果没有终极信仰的承诺者上帝对个别性的终极承诺，那么，一切对个别存在者的绝对主宰将有其相对的依据而不是没有绝对的合理性。

　　相反，一旦个别共在者的良心丧失了绝对在终极信仰担保下的个别性，一旦此人的生命情感面对他人，他将沦为那充满差别性的他人的奴隶，或者服从他人的权威，或者以前人（死人是过去存在过的他人）的生命为自己的生命。其中，就没有个别性共在者的共在了，有的只是个别性共在者不共在、相互吞并的场景。这种吞并，因其吞并者的有限性，将是有限的肉体生命之间的残杀。

　　以上是生命情感在第二阶段可能发生的两种情况的言说：一种是个人与他人在终极信仰面前的共在，一种是两者之间在伪终极信仰之下的彼此奴役。

　　生命情感的感觉功能，根本上是在差别性之物中发现相关性的意识方式。当生命情感以自然为意识对象时，和以良心、他人为对象时所面临的可能性是一样的。自然中的个别在者、生长者和生存者，必须首先是个别性的对象；

另一方面，其意识者也当是一种个别性的主体，人和自然才有差别性的相关性关系。意识主体的差别性直观——生命理智的知觉功能，使人在生命情感流向自然时不会丧失和对象合一的幻觉。而且，在差别性意识意识自然中，其结果将不是混沌合一的自然体而是差别性的个别物。

天人合一的理念

这是主体的人以生命情感为人的存在的唯一内容时意识自然所致。生命理智消融在生命情感中的这种理念，不再是一种差别性的意识方式；生命意志为生命情感所消磨，不再有超越性的活动指向。

天人合一理念的信仰者没有差别性意识，他们是丧失这种意识的人。人怎样同天、同自然绝对合一呢？其唯一的方式，是相信自己仅仅作为肉体生命生存的自然物，相信自己的身体仅仅是自然物的在量上不同、在质上无异的一部分，相信自己只是一个物质自然体，而且在身体之外，人不能有关于自身的差别性意识，不能将人的身体当作灵魂、精神的生成根基。在这种理念体系中，人的肉身代表自然的延伸形式。

人要和自然合一，在逻辑上必须建立在两者的差别上。人和自然只有作为差别性的存在者和差别性的在者，才谈得上两者的合一。要是人同自然本是一体，还需要合什么呢？这种设问，为天人合一理念提出了不可能性。其实，信仰天人合一的人，不过是在情感上倾向天理、天道第一的人。但是，天的无言性要求为信仰天人合一的信仰者另寻根据。其中的一种事实性根据，就是强权所有者的替天行道。

人和自然还有一种关系，就是在意识到两者的差别性之外的彼此依存的相关性关系。这正是生命情感在第三阶段的目标。在生命情感引导下，在生命理智开出的人和自然的差别性呈现在人的意识中之后，人自觉到自己和自然都是被承诺者，在自然界中帮助承诺自然的上帝管理自然。人意识到自己与自然的差别性的同时，意识到自己和它的相关性。在古代，人相信天人合一的理念是由于古人的生命理智、生命意志处于不在场状态所致。但是，在当代社会，相信天人合一理念的人，大多仅仅把这种主张当作自己生存延续肉体生命的工具，并为在社会中实现君主的绝对专制、在人心中贯彻意识形态统治给与哲学上的潜在辩护。天人合一理念，内含人我合一、人与他人合一的推论。它抹杀人作为个体生命的差别性存在。

区别生命情感三阶段的根据

生命情感在应许人与自身的良心、与自己共在的他人和与作为自己的根基的自然的相关性中，需要生命理智的差别性承诺。否则，人将成为肉体生命、自然生命、物质自然似的存在物，自然将被人看作事实性的在者。在生命情感的第一阶段，人当有仅仅属于自己的我，以我为基点去实现与自身的身体的相关性，在身体之上建立不可代替的存在家园。人的良心一旦有差别性的精神自我，人对良心的归顺将表现为对精神自我、精神差别性的顺从。

在生命情感的第二阶段，人若丧失自身的差别性意识和人作为人的个别性，那么，人同他人的相关会退化为一种利用与被用、奴役与被役的关系。这种牺牲自我成全他我的行为，实质上是一种堕落。因为，他把自己的灵魂、精神出卖给他人，而且拱手奉献自己的身体，以牺牲生命为他人的奴役提供现实的见证。自己的生命被托付给他人，成为他人生命的祭坛。祭坛所祭的，一是自己的肉身，一是与自己一样的肉身性生存着的他人的肉身。因为，只有在抱相同的肉身生存理想的人之间，才有诚实的祭与被祭的关系。人的生命由此退化为一种无限的手段。

但是，在生命情感中，人和人还能够确立一种绝对的相关性的关系。这种关系，以个人自觉到自己的差别性存在为前提。个人以自己的个别性和他人的差别性相关，在同他人的相关性活动中强化自己的个别性。个体生命，既是生成精神自我的目的，同时为后者的手段。他通过爱自己感觉到对他人的爱，通过生成自己的自我开启他我的成形，在人类中展开个人的有限性和价值。

生命情感在第三阶段同样有两种可能的指向：以自我为基点的同自然的相关和以自然为基点的对自我的放弃。人在自我中意识到自己在自然面前的渺小，不是由于自然的伟大，而是由于自然和人的自我都是伟大的创造者的被造物。人从此生出与自然共在的相关性关系，倾心于对自然有序性的阐明和管理。相反，以自然为基点的人和自然的相关性，源于相关主体的差别性无明。人只能无奈地归顺自然，在这种归顺历程中把自己生成为自然性的在者。抱有此种理念的人，敌视一切关于自然的科学性探究，拒绝人关于自然图景和自我的差别性描述。

在整体上，中国传统文化属于生命情感中无生命理智的、以他为基点的文化。他在之自然、他人之自我、他存之良心，构成个别存在者存在的最终根据。个别生命体把"这个他"置于我之上，由于每个个别生命体都将生命的希望寄托于无所指向的"他"上，生命由此沦为空空的肉身。在终极意义上，人不能没有寄托，于是，在向他生存中生存着的肉身，就跃居为人生的终极信仰。肉体生命生存延续的动物本能，代替了人的精神性的本质存在。于是，人心的贫困即人在精神世界中对自己的精神性存在的放弃，人心的富有即人在肉体世界中对物质性在者的占有。

关于生命情感三阶段的区别，一是基于和客体化存在本源的其他形式的阶段性相呼应，一是基于生命情感在感觉中的发展需要。人感觉自身、以自身为对象，构成人感觉他人、它物的前提。对自身的肉体、灵魂、精神的差别性与相关性无感觉的人，怎么能够感觉他人、它物的差别性与相关性呢？所以，生命情感的第一阶段强调人对自我要素的相关性意识，由此开出人和他人的共在性、人和自然的相关性。

反抗虚无和死亡的两种方式：原初人格、原初形式

作为存在本源之一，生命情感和生命理智、生命意志一样，面临虚无与死亡的统治。生命情感向我生成意识生命体的自我。但是，这种生成活动，区别于生命理智的活动。它以生成原初形式和原初人格为方式。生命情感的对象化，不以观念性的、概念性的差别性的形成为目的，而以形式性的、人格性的相关性标明生命情感所有者的存在。在虚无及死亡的地平线上，人除了利用生命理智生起观念性或概念性的存在外，还可以选择形式性的、人格性的存在方式。当生命情感以由他人构成的共在者全体为感觉对象时，感觉者就产生伦理的善恶评判；当生命情感以生成理想的原初形式为目的时，艺术存在的方式就出现在生命情感的所有者身上。

伦理

伦理侧重生命情感的此岸性，确定以善恶为中心的道德体系和人的伦理行为。它生成人的原初人格。它将人从一个自然人发展为一个以爱为绝对尺度审视世界的人。社会化的原初人格，即人类的理想人格。个别原初人格，因其个别性而被社会化。不过，值得注意的是：原初人格的存在，仅仅相对原初人格的生命主体才是绝对的。一味向他人推广自己认信的原初人格，对他人的个别性存在将是不道德的。

伦理指向的爱，具体对象化在性爱、亲爱、情爱、友爱、圣爱之中。由爱的对象，共同形成共在者全体。[4]

艺术

原初形式的创造，是艺术的精神。艺术家的艺术性，体现在他对原初形式的创造活动中。这种活动，又使人向艺术而存在。艺术创作、艺术接受，创造了艺术作品和艺术家两个文本，但这四者不是艺术，而是艺术精神的现象性在场者。在终极意义上，艺术精神和上帝的圣灵相关。因为，肉身就是肉身，它无能承诺艺术的精神性。艺术精神为圣灵（Holy Spirit）的一种现世样式。

感性文化

生命情感通过艺术和伦理，外化为感性文化。感性文化，以人的生命情感为前景，以生命理智、生命意志为后景，以此实现人的人类学不朽。人类学不朽相对世俗化不朽，是在价值逻辑论前提下人和他人（人类中的每个成员）的无限共在。世俗化不朽，指人与他人的本能共在——肉体生命的共在。它被称为不朽的一种方式，只因为它为人类学不朽在人生中的生起给出可能性。因此，世俗化不朽的价值源于对人类学不朽的献身。没有后者的不朽，前者的不朽只沦为一种事实性之在而不具有不朽的特质。

感性文化这种动力型文化，要在差别性的地方承诺相关性，要打破个别物的差别界限，使之成为共在于终极承诺中的一元。尽管如此，感性文化并不绝对否定差别性，在其中，有生命理智与生命意志的后景置入。因此，感性文化，不会降格为一种破坏性的文化理念体系。作为感性文化的歌德时代，纵然有艺术对形上的反判、感觉对思维的替代、潜意识对显意识的僭越，但当时的诗人及历史学家突出的是人的意识生命中的生命情感部分，他们没有完全抛弃生命理智、生命意志的作用。的确，"人不可能长期保持一种有意识的状态；他必须把自己再投入到潜意识中，因为他的根在那儿生长。"（歌德语）"狂飙突进运动和浪漫主义把潜意识赞美为人身上更主要、更高、更纯真的要素。潜意识既在外部起作用，又在人内部起作用。的确，它越在人内部起作用，人就越充实。意识和理性是我们的不幸。……只有潜意识，才内在地创造了完美地反映创造的必然的作品，因为他们本身就是创造真正的

4　参看笔者《历史与逻辑——逻辑历史学引论》（待版）中的社会伦理学部分。

一部分。"[5]这里的潜意识，指相对生命理智的生命情感。它是对当时世界精神以自我意识中的生命理智为全部生命的理性启蒙运动文化的抗议。另一方面，无论怎样宣传生命情感的独立力量和重要性，它一旦失去生命理智的控制，其主体将退化为破坏性的革命家和以教导仇恨为伦理目的的意识形态的卫道士。

感性文化，为人类给出一个充满博爱和形式的生命感性世界。博爱与形式，乃人类的共在指向。艺术与伦理，是人的生命情感在场的对象。在艺术家的艺术作品面前，人只有喜欢与不喜欢的权利；在他人的人格面前，人只有爱和不爱的表达。人无权对他人的人格、艺术家的艺术品提出是否具有合理性的质问。合理性属于生命理智的问题域。除了感觉它们外，除了向感觉贫困的人陈述一些感受外，人对他人的人格和艺术家的艺术品只能保持沉默。

我爱

艺术与伦理所体现出的感性文化，是我爱的产物。我爱其所爱，在爱中意识到人类作为一个差别于动物的类和上帝的同根性。个别存在者的同根体验和同根意识，将个别人的根置入人类之根中。

相关性直观，要求人的自我意识在意识对象界中，发现个别对象之间及它们与我的相关性。两个对象的相关性存在，是和我一同共在、并彼此互为共在。其中，一个对象显现出和另一个对象有相同性。这种相同性，必须与我的存在相关联，成为我爱的对象。否则，相关性直观因其丧失直观主体无从发生。

我爱根据喜欢和厌弃的情感原则，我喜欢我所喜欢的，厌弃我所厌弃的。凡是和我有共在成份的对象，我就可能喜欢，使这种共在的成份构成我的生命的一部分。对象的共在成份，即我所爱的。我能爱的，在爱中必然是我所爱的。对象在发出的他所爱的成份中，和我的所爱遭遇。爱感诞生在这种遭遇中。对象向我而来，我向对象而去。对象与我之间的往来遭遇，是两者的生命情感（被爱的物质界注入了所爱者的生命情感）互相交通的过程。我因为这样交通而丰满起来。相反，我所厌弃的，并不是与我无关的对象，否则，我的厌弃行为就不可能发生。我厌弃对象，乃是因为对象远离着我，同我的生命情感向他而去的意向相背驰。从对象方面言，对象的生命情感本来应该是向我来，来和我遭遇、交通。不过，由于我发给对象的讯息是我所爱的不

5 M.兰德曼：《哲学人类学》，阎嘉译，贵阳：贵州人民出版社，1988年，第131页。

是我能爱的，我给与对象的不是同他遭遇的意向。这样，对象在和我的交流中，必然越来越成为我所厌弃的。当然，我和对象之间的情感交流中所生的厌弃，也可能在交流中转换为我的所爱。这种转换的可能性，只有建立在两者改变自己的所爱成份，进而在各自的所爱中生成能爱的共在成份的基础上，让两者共同成为相关性直观中的对象。

我爱是我通过象征语言去爱。象征语言的语意，由语形的差别性书写给与。差别性书写，把象征语言中的能指和所指相关联。我在书写对象之形中参与对象的在场，对象和我一同在此，一同在我所注入的情感世界中和我共同分享一切。

我爱要求我注入对象的存在，我在爱对象的形式或人格中与对象共在。我爱其所爱，爱对象的形式、人格转化为爱对象本身。我在本能性和本质性两方面与对象同根。对象在成为我爱的对象中和我相关联，我又在此种关联中体验到我对对象的爱。

注入，首先表现为我被爱注入。任何爱的活动，无不是我在爱。爱与找姻缘相结为我爱，这是我爱的自明性。我在爱中被自身给与，并不从对象中索取。我给与我的爱，在爱中注入我的生命情感，让能指与所指的间距弥合为一。我因此生成为我爱的主体。我感受到自己在爱，也在生命情感注入对象中感受到对象在向我的生命注入它的生命情感。所以，注入在我爱中，是我的生命情感（能爱）向对象的共在成份（所爱）的注入。

我爱作为感性文化的主体化本源，无论在艺术活动和伦理生活中，都发挥着根本的功用。艺术创作是艺术家的生命情感注入艺术形式的过程，艺术接受是接受者的生命情感注入艺术家创作的艺术形式的过程。艺术作品在艺术家及接受者心中，一定有生命情感的往来遭遇，直到艺术作品中内含的形式构成艺术家及接受者的所爱对象。否则，艺术创作与艺术接受这种过程性活动将被中止。伦理生活中，我爱对象的人格，通过爱他人的人格爱其本身。我在和他人的生命往来中，我注入的生命情感及他人注入的生命情感只有在存在共在成份的前提下，我才会生起对他人的爱。伦理学关心的所谓道德与不道德问题，实质上是我和对象是否有共在的生命情感注入的交通往来问题。一旦两者的生命情感共同呈现在心理时间中开始遭遇交通，对象的不道德因我的所爱而成为我所认可的、甚至接纳的道德对象。相反，我在被他人的生命情感注入中，也转换为他人所爱的对象。

感性我

感性文化源于人的我爱。个体生命在对原初人格和原初形式的爱中，把个体生命相关为人类生命。在人类历史上，大部分人的伦理存在方式和少数人的艺术存在方式，有共同的前提和背景：生命情感在心理时间中的向我生成。由生命情感生成的我，如同由生命理智生成的我一样，根植于个别存在者共同信仰的差别性的绝对性的基础上。

感性在功能上，指人的解构能力；在结构上指人在解构中形成的原初人格和原初形式的谱系。感性孕育人感性文化的遗产，是艺术与伦理通过我爱所维系的理想世界与现实世界。感性文化设定人为感性我的存在。

生命意志

在人的心理文化结构中，还有一种在生命理智及生命情感之外的存在本源，这就是生命意志。心理价值逻辑主体的生成性，要求它本身生成自己的存在。存在本源，指在人生成自己的意识生命中生命所赖以建构的方式。

生命理智在意识生命中通过知觉功能承诺对象（包括自然、社会、自我）以差别性，生命情感通过感觉功能给出它们的相关性。但是，无论生命理智的差别性直观还是生命情感的相关性直观，必须有生命意志在直觉功能中对它们的护守。否则，对象的差别性将沦为量上的相异性而不是一种价值逻辑论意义上的关于对象的规定；对象的相关性，会降格为量上的合一性，不再是以终极价值逻辑承诺为背景的绝对相关性。

生命意志在客体化存在本源中，更多地带有实践性的特点。它应许人的意识生命以直觉功能，使人在直觉到对象的差别性与相关性中护守它们。生命理智在思中给与对象以差别，生命情感在爱中把差别性的对象相关，生命意志在为中护守对象的差别性和相关性。生命意志的护守性，意味着它把人引向差别性与相关性的对象，在那里完化意识生命的存在。

生命意志护守对象的差别性和相关性，需要相应的心理时间给出相对有限时段。如果不这样，护守对象的差别性和相关性将没有展开的场所。和生命情感与生命理智相较，生命意志更直接地同心理时间相关。通过后景置入的生命意志同心理时间具有相关性，前两者间接与心理时间相关。在此意义上，生命意志是客体化存在本源中的时间看守。

生命意志和心理时间

生命意志和心理时间的关系分如下两种可能性：结缘和离缘。

生命意志与心理时间离缘，指人在意识中放弃对时间的意识，放弃对时间中的瞬间、过去、现在、将来的差别性自觉和对它们的相关性护守。这种离缘，又有三种可能方式：一是抽空时间的基本元素瞬间，把瞬间置换为永不过去的过去或永不到来的未来，以回想与幻想代替现在的努力；一是转移瞬间，把瞬间的继起转移为突现，再把突现的瞬间转移到以肉体生命的生存延续为中心的世俗生活中，人的意识完全以肉体生命的生存延续为对象；离缘的第三种可能性是淡漠时间，时间的流走被当作永存不变的一，一切是一的展现和复归。淡漠瞬间现象，不承认生命意志的建构力，否定生命意志在时间中的展开。迷信的产生在时间上的依据就在这里。生死归一，和时间本身无关。

生命意志的三阶段

生命意志和心理时间的结缘含三个阶段，使生命意志在时间中的现在、过去、未来中得以实践。

生命意志的第一阶段以未来为时间的起点，认为时间从未来经历现在向过去绵延。未来的希望及未来的信念，成为生命意志护守一切差别性与相关性的个别物的动力。无论过去和现在怎样，一旦它们和未来的信念冲突，当然生命意志捍卫的是后者，放弃的是前者。在这一阶段，生命意志主体对过去和现在采取虚无主义态度，把可能性当现实性来信仰。

当生命意志由于放弃了现在的护守而在对未来的希望产生绝望后，生命意志最大的可能是不再希望任何希望、不再信仰任何信仰。生命意志转向过去、转向已经存在过的现实物，从那里猎取心理时间所给的相对有限时段。它护守过去的差别性及相关性，拒绝对之加以任何怀疑和批判。过去构成生命意志实践的起点，并绝对统治现在、未来。现在是过去的重现，未来是还没有重现的过去。心理时间在生命意志的第二阶段，由过去经历现在流向未来。人在其中对过去的文化传统采取护守的态度，不仅不愿正视现实的苦难，而且看不到理想。因为，理想已经在过去被实现，苦难曾经被先民忍受过了。生命意志主体，把必然性当现实性来信仰。过去的一切，都是必然的宿命和不可能。这样，历史总是在轮回中演进。

　　在第一、二阶段，生命意志尽管和心理时间结缘，但它们共同抽空了现在，将现在贬低为未来或过去经由的中介点。其中，生命意志的开展，却是它的毁灭、取消、否定。因为，生命意志主体越是远离现在、沉沦于过去与未来中，他就越没有实践的可能性。没有生命意志向现在的努力，没有其主体对现在之上的终极信仰和普遍价值的追寻，过去的回光使人错过人生，未来的机会要人误失人生。人在生命意志的第一、二阶段，获得的是空空的虚无，以及回想与幻想的虚度。

　　既然生命意志的第一、第二阶段没有对人生存在的自觉，既然它在其中失去的是作为一种存在本源的资格，那么，生命意志就应当在第三阶段真正同心理时间结缘，实现自身的护守性。

　　生命意志的第三阶段，把现在理解为普遍时间承诺的绝对现在，现在是终极信仰呈现的绝对的相对有限时段。现在不是瞬间性的时点，更不是过去、未来绵延自身的手段。生命意志在现在中，承受终极信仰和终极差别关于个别物的普遍承诺，将这种承诺的具体内容展开在时间之中。从此，生命意志上升为人的存在意志，在存在中生起存在者的存在。人的生命本质展现在现在中，展现在现在中的生命本质又被托付给时间。现在，成为心理时间生成的绝对尺度，支配着过去和未来。人现在怎样"为"，他在未来就会是什么，他在过去就曾是那样。生命意志从现在批判过去，声称必然性不是现实性；从现在筹划未来，反对把可能性当作现实性。于此，理想就生起在生命意志的批判与筹划的现在的地平线上，现实因理想的照耀而反射出它的真实性。

　　生命意志为什么和心理时间相关？因为，人的生命本质与时间处于同构关系。人的存在，是人的生命在现在向我而去。时间在人的存在过程中，应允过去正在过去的必然性、过去替代现在的不可能性；它又应允未来正在到来的可能性。只有向我开启的现在和向我存在的现在，才是人发现其唯一依靠的途径。

　　理性文化与感性文化中后景置入的生命意志，是这两类文化的创造者能够在心理时间中护守自己的差别性与相关性直观的根本前提。没有生命意志在时间中向我而去，理性我与感性我就没有被造的动力和场所。

　　生命意志的三阶段的区别，在时间论上是一般生命意志的发展次第。其中，第一、二阶段可能在个别存在者中次第相反。但是，对所有存在者，能否步入第三阶段，将成为人生的关键。在价值论上，三阶段，又指生命意志自我实践的三种可能性。在每种可能性中，生命意志无不同心理时间在意识中相关联。生命意志在第一阶段通过未来与时间相关，在第二阶段通过过去和时间相联，在第三阶段借现在的置入同时间发生关系。汉语族群，大都在生命意志的前两个阶段踯躅徘徊，游走于对未来的可能性的幻想与对过去的必然性的接受之间。

意识生命体在心理时间中的向我生成，从否定意义上指向我生成的意识生命体对虚无和死亡的反抗。存在的边缘是虚无，人生的极限是死亡。存在本源的三种样式——生命理智、生命情感、生命意志——无不是为了反抗虚无和死亡的绝对统治才生起在人的文化心理结构中。另一方面，普遍价值在下承诺心理价值逻辑主体，目的是为了向虚无与死亡宣告自身的绝对性，以及宣告它们的相对性。

反抗虚无和死亡的方式

在反抗死亡和虚无的过程中，生命理智以设定原初观念和原初概念为方式。形而上学家为自己的观念体系设定出原初观念，这标明他在创立独特的形而上学上的开端。由于个别形上体系所依存的原初观念在终极意义上的非终极性，才诞生了以个别原初观念为基础的、由个别形上体系构成的形而上学史。原初观念根植于人的形上精神，形上精神当然不是形下肉身承诺的，而是在上的普遍价值的承诺者超验置入的。正因为这样，个别形而上学家才沦为有限的、相对无限本身的个别者。与此不同，科学家尤其是物理学家，其原初概念仅仅相对他本人才有原初性。但是，在信仰上，多数科学家坚信有一个关于宇宙万物的原初概念，坚信自己的原初概念的最终根据就在那里。所以，科学的历史，才不是一个原初概念代替另一个的历史，而是一个原初概念超越另一个的历史。物理时间中越晚出现的原初概念，越赋有超越性和涵盖力。

生命情感选择原初形式和原初人格为方式对抗虚无和死亡。艺术家表现原初形式，展示在他对承诺原初形式的终极对象的向往上。一旦个别艺术家宣称自己发现并表现出原初形式，他的艺术生命就完结了。因为，原初形式的承诺者，不是艺术家的肉体生命，而是在艺术文本——艺术家、艺术品——和艺术创作、艺术接受四种现象性在场方式背后的艺术精神。进而，是以圣灵为规定性的三一上帝本身，应许艺术家以艺术性的存在。在终极意义上，人类历史上所有的艺术家，不过是踏在通向终极形式之途上的朝圣者。朝圣者，无不信仰神圣之物的存在。所以，艺术历史中的个别原初形式和形上的原初观念类似，它只对其创造者才是普遍个别的。一切艺术家的原初形式，无不是耶稣基督的十字架这一本源性原初形式的现象性在场者。它们是个别艺术家在死亡地平线上作为个别者存在的标记。

原初人格，是人的生命情感按照我爱原则向他人显明的伦理理想人生形象。这种人格，以他人为实践指向，表达人与他人之间的伦理情感关系。它一旦在其意识中确立，伦理学家就希望向全社会推广这种人格模式。难怪任何以道德为根基的文化总是会不断制造某种具有原初人格涵义的道德偶像让人效法！不过，尽管原初人格的确立是为了在人与人之间维持有序化的共在图景，但其意义首先是相对原初人格的倡导者。况且，原初人格的原初性，源于人对位格性的三一上帝的承受。人的肉体生命没有向位格性存在即人作为意识生命、精神生命、文化生命与灵性生命的的转换，原初人格的承诺将是有限性的，它仅对其承诺者有效。这就是人造的道德偶像迅速被抛弃、被遗忘的原因。他们没有持久的爱的能力与被爱的可能性。伦理的普遍有效性，仅根植于普遍价值的在下承诺及原初人格和原初位格——三一位格——的同一性上。三一上帝本是爱的上帝。[6]由于爱，上帝才将自己的一位派遣到世界上来，"让凡是信祂的人不至灭亡，反得永生。"[7]上帝以耶稣基督来到世界死在十字架上救赎世人的行为，表明祂作为原初人格的承诺者所拥有的权柄。"唯有基督在我们还作罪人的时候为我们死，上帝的爱就在此向我们显明了。"[8]终极原初人格，必然是为所有的人给与其位格性生成指向的那一位；伦理学家设定的原初人格，不过是终极原初人格在价值论上的现象样式。不但如此，伦理在爱中给与的原初人格，只有在作为原初位格的分身前提下才是不可代替的、个别性的存在承诺。

伦理的原初人格、科学的原初概念以及审美的原初超越，都是人类在反抗共同的非存在化倾向——虚无化——中的共同承诺；艺术的原初形式、形上的原初观念、宗教的原初信仰，是人类中的同在者在反抗自己的死亡中承诺的、提升个体生命向人类生命进展的原初可能性。这些可能性，虽然

6 《约翰一书》4：16。
7 《约翰福音》3：16。
8 《罗马书》5：8。

在现象上是个体生命的承诺，但因其背靠的精神而以人类全体为共同的承受对象。

原初超越和原初信仰，是人的生命意志反抗虚无和死亡的方式；原初人格和原初形式，是人的生命情感对抗虚无和死亡的方式；原初概念和原初观念，是人的生命理智从虚无和死亡中生起的方式。由于这些原初对象的存在，人类将不再是生存在一个无序的自然、混乱的社会、无明的自我中的共同体，个人不再是存在于无思、无爱、无为中的存在者。个人因形上观念、艺术形式、宗教信仰而从死亡中生成自己的存在，人类因科学概念、伦理人格、审美超越而向虚无宣告了自己不同于动物的差别性规定。正是科学、伦理和美学，把人类从虚无的绝对统治中引向光明；正是形上、艺术、宗教，将个体生命升华为人类生命的一部分。

原初超越，只是存在于生命意志第三阶段的现象。生命意志直觉到现在作为终极信仰呈现的相对有限时段，其相对性源于绝对自在永在的上帝的规定，即现在相对其应许者的相对性；其有限性，根据无限的、自我限制而不被限制的上帝的承诺。生命意志在死亡地平线上，直接呼召上帝的在下惠顾，而不是将现在转移为时点性的瞬间，进而将生命意志反抗虚无转化为将生命让渡给未来或过去。生命意志在原初超越中放弃的恰恰不是现在，它要把现在向过去与未来绵延生成为时间的向我维度，要在时间中实践作为存在本源的标记的我的存在。过去的不可能性（必然性），因生命意志向上的超越努力而成为现在的现实性的一部分；未来的可能性，因这种努力而置入为现在的现实性。在这种不可能性与可能性之中，生命意志将其主体凸现为超越性的人生。

学问形态与精神样式

当人的生命意志以直觉性指使语言向此岸世界去实践人类的原初超越时，美学的对象、语言、使命就由此得以规定；当生命意志以顿悟性指使语言向彼岸世界而去构建人生的原初信仰时，宗教的对象、语言、使命被呈现。美学是人的生命意志以直觉性指使语言在此岸自我实践人类之原初超越的学问形态，宗教是人的生命意志以顿悟性指使语言在彼岸为人生生起原初信仰的精神样式；伦理是人的生命情感以感受性象征语言在此岸社会为人类建立原初人格之学问形态，艺术是人的生命情感以感觉性象征语言在彼岸为人生展示原初形式的精神样式；科学是人的生命理智以对应性（或称为知觉性）符号语言在此岸自然为人类发现原初概念之学问形态，形上是人的生命理智以感应性符号语言在彼岸为人生思出原初观念的精神样式。

在上面关于存在本源所呈现的精神样式和学问形态的规定中，它们各自都有自己的中心问题。这种问题由直陈语气的词构成。科学、伦理、美学的中心问题分别为知识之真伪、道德之善恶、审美之美丑；形上、艺术、宗教的中心问题分别为人生意义、人生形式、人生信仰。学问形态的中心问题永远伴随人类，因它们是人类共同直面的问题；精神样式的中心问题是个人性的，它们必须由个体生命自己开始来解决。

各种学问形态和精神样式的中心问题，有仅仅属于自己的界域。任何个别的学问形态及精神样式，不可能对所有的学问形态及精神样式的中心问题给与解释。自觉到自己的个别性，并持守在自己的由对象、语言、使命构成的界域中，学问形态和精神样式的发展才有现实的可能性。科学的对象为此岸的自然，语言为对应性符号语言，使命是以人的生命理智发现自然的普遍知识体系，生命向可言说的真实而思。形上的对象为人的彼岸的生命理智，语言为感应性符号语言，使命为思出精神之意义，生命向可言说的意义而思。伦理的对象为此岸的社会（由个人构成的共同体），语言为感受性象征语言，使命为以人的生命情感建立社会的普遍道德体系，生命向不可言说的人格而爱。艺术的对象为人的彼岸的生命情感，语言为感觉性象征语言，使命为展示精神之形式，生命向不可言说的形式而爱。美学的对象为人的此岸的自我，语言为直觉性指使语言，使命为以人的生命意志实践自我的普遍审美体系，生命向可实践的超越而为。宗教的对象为人的彼岸的生命意志，语言为顿悟性指使语言，使命为构建精神之信仰，生命向不可实践的信仰而为。任何学问形态和精神样式，都有自己的界域。人类关于许多问题的争论，正是由于对个别学问形态和精神样式的境域无意识才引起的。

在言说学问形态和精神样式的对象时，笔者使用了此岸的自然、社会、自我及彼岸的生命理智、生命情感、生命意志。此岸和彼岸的差别在于：前者的现成性，后者的生成性。凡是现成性的对象，都是被人的意识生命体意识的对象；凡是生成性的对象，都是在人的自我意识中自己生成自己。所谓彼岸，指个人必须创造自己的存在，必须在上帝对自我的绝对承诺中生成关于自己的可能世界。所谓此岸，指个人在科学、伦理、美学的反省中所选择的现时性对象。科学的知识体系，是关于事实性在者自然的认识；伦理的道德体系以现时社会中的他人的认同为前提；审美将个人的存在生成为存在者。相反，形上、艺术、宗教的对象，出现在文化心理之外的超我意识承受普遍精神之中。它们分别以不同的方式承受普遍精神的在下承诺，使人超越文化心理的存在步入文化精神的存在。彼岸反过来，又构成此岸对象生成的力量。科学的生命理智被形上精神生成，伦理的生命情感被艺术精神生成，美学的生命意志被宗教精神生成。彼岸给与此岸的，是让人持守在现时性对象面前的独立性；此岸给与彼岸的，是人生成彼岸的基础。

　　学问形态和精神样式的差别，出于对其所指对象的差别性意识。科学、伦理（伦理学）、美学的对象的现成性，使之能成为人的学问自由研究的对象。形上、艺术、宗教的所指对象由于生成性而呈现出精神性。学问形态，把人的存在本源降落在事实性的对象中。具体地说，就是科学把我的生命理智之思降落在自然中，伦理把我的生命情感之爱降落在由他人共在着的社会中，美学把我的生命意志之为降落在和上帝同在着的自我中。由科学、伦理、美学构成的学问形态，本身受制于作为现成性对象的自然、社会、自我。审美中的自我，尽管比起科学中的自然、伦理中的社会有较少的现成性，但它依然受到人生的边缘处境和审美主体的限制。作为精神样式的形上、艺术、宗教，却取决于其主体如何承受普遍精神的在下承诺，取决于他怎样将承受到的普遍精神具体化为人生存在的方式。所以，精神样式的对象，是一种生成性的、创造性的过程。形上即在形上家的书写阅读文本中的形上化存在，艺术即在艺术家的书写阅读文本中的艺术化存在，宗教即在宗教家的书写阅读文本中的宗教化存在。形上只对在沉思人生意义的人才有感应，艺术只对在展示人生形式的人才有感觉，宗教只对在构建人生信仰的人才有顿悟。不是所有人都能选择形上、艺术和宗教的存在方式，但所有的人都离不开科学知识、伦理道德、审美直觉的教化。作为精神形态的形上、艺术、宗教，是一种精神性的人生存在方式，它们属于人类中的少数人的事业；它们的存在，却在永远警示人类同在的神圣向度。

　　关于学问形态和精神样式的意识，价值逻辑论关注它们的差别性与相关性两方面，同时，将其奠立在三一上帝的终极承诺基础上。

　　三种精神样式，将在"自我如何承受普遍承诺"部分中作深入的研究。科学在关于现成性逻辑中，尤其在"价值逻辑论的自然科学观"中被详尽讨论。伦理（伦理学）属于社会价值逻辑的对象。[9]在言说原初超越和原初信仰的根据后，我们将最后对美学作专门探究。这构成本书第五章的内容。

原初超越的根据

原初超越植根于三一上帝的言成肉身的事件中。"起初，上帝创造天地。地是空虚混沌，渊面黑暗；上帝的灵运行在水面上。"[10]上帝在时间的永无止境的弥漫中创造时间的"起初"，世界在时间的"起初"中开始被造，而不再是无本身。由于上帝创造"诸天和地"，虚无在上帝的创造中凸现出实有。实有突破虚无的限制，并在承受上帝的言中限制自己。上帝说："要有光。"[11]光就照亮在祂的作品中。因着上帝的十一次言说，一个以物质自然为背景、以自然生命体、肉体生命体、意识生命体、精神生命体为主体的世界创生了。[12]但是，人想成为上帝的实践行为，破坏了受造者与创造者的关系，被逐出伊甸园。这样，如何恢复人和上帝的联系呢？由于人在死亡中最终表明了自己的有限性，有限性的人又不可能重新同无限的上帝沟通，所以，上帝之言生成肉身，让历史的耶稣复活为信仰的基督。上帝亲自为人搭建一座桥，通向祂所在的国度。言成肉身事件，再次使言成的世界与圣言的言说者和好，并将世界中的意识生命体带向他的创造者。[13]藉着历史的耶稣和信仰的基督，人与上帝的公义关系得到确立。这种公义关系，既包括人和上帝的相关性，又指两者的差别性。换言之，在本源论上，世界由上帝创造；在存在论上，人必须通过耶稣基督才能与上帝建立公义的关系。耶稣说："我才是道路、真理、生命；若不借着我，没有人能够到父那里去。"[14]"一切都是出于上帝，祂借着基督使我们与祂和好，又将劝人与祂和好的职分赐给我们。这就是上帝在基督里，叫世人与自己和好，不将他们的过犯归到他们身上，并且将这和好的讯息托付了我们。"[15]

---

9 参看笔者《历史与逻辑——逻辑历史学引论》（待版）中的相关部分。

10 《创世记》1：1-2。

11 《创世记》1：3。

12 《创世记》1：3-2：24。

13 《歌罗西书》1：20-22。

14 《约翰福音》14：6。根据联合圣经公会《希腊文新约圣经》第四修订版自译。

15 《哥林多后书》5：18-19。

耶稣本是与上帝同在之言，祂就是上帝本身的言说中心，是上帝本身。[16]作为上帝之言，必然和上帝同在，成为同一位上帝的不同位格。不过，为了救赎世人，信仰的基督自动降卑为历史的耶稣。"祂本有上帝的形象，不以自己与上帝同等为强夺的；反倒虚己，取了奴仆的形象，成为人的样式，既有人的样子，就自己卑微，存心顺服，以至于死，且死在十字架上。"[17]通过对历史中的人的意识生命的介入，通过自己的灵生、爱道、受死，耶稣应许人类超越死亡的可能性。这种应许，也包含在历史的耶稣生成为信仰的基督的复活、升天、再来、审判的事件中。言成肉身，是对《旧约》的言成世界的意义指向。它预定了（因耶稣先于世界而存在）言成世界的必然性。[18]

原初超越的根据，显明在言成肉身和言成世界的事件中。在上帝的圣言所生成的世界中，有历史的耶稣的灵生即言成肉身的历史性事件。世界源于上帝之言，耶稣降世是由于上帝对人的恩慈。上帝自我超越为世界之物和历史上的拿撒勒人耶稣的肉身，祂是自在永在的上帝，是无限的上帝。人类同作者的个别原初超越，根源于自我超越于虚无的上帝。人类不但受绵延时间的限制，而且受自己的肉身和作为肉身性存在的世界的限制。正是上帝超越虚无创生世界，承诺了一切个别原初超越的现实性。个别原初超越因个别性的承诺者——言成肉身的历史个别性——而为个别性的原初超越。

言成肉身和言成世界，无论在时间历史论上还是价值逻辑论上，都是原初超越的根据。圣言本身生成肉身，人的肉身和圣言从此获取相关性的规定。但是，不是肉身首先与圣言相关，而是圣言最初主动和肉身相关，正是作为圣言的耶稣对世人及上帝的爱，人同上帝的和好才得以可能。同样，圣言在被言说中创造了世界，世界在本源论上依存于圣言，成为圣言的领受者、栖居肉身的处所。世界的意义，就在给与人的意识生命以圣言的场所中。耶稣基督在人与上帝的两端作中保，保证两者永远有公义的关系，即耶稣基督使上帝成为超越而内在的上帝、使人成为内在而超越的人。[19]否则，他们要么绝对分隔互不关联，要么彼此替代相互吞并。人和上帝的公义关系即在耶稣基督里，上帝为创造的上帝，人为受造的人，世界为受造者的场所的世界。

---

16 《约翰福音》1：1-2。
17 《腓立比书》2：6-8。
18 《约翰福音》1：3；8：57-58。
19 《提摩太前书》2：5；《希伯来书》9：15。

　　由于原初超越及原初信仰同是生命意志反抗虚无和死亡的方式，所以，在考察原初超越的根据时，有必要探究原初信仰的根据。

原初信仰的根据

　　个体生命在作为言成世界的一部分生存中，已经从虚无地平线上生起为实有者。个体生命的肉身藉着耶稣基督，再次和其创造者发生公义的关系。因此，原初超越根植于上帝的言成肉身。在这种根植关联中，上帝主动降卑自己达成同人的和好，在人堕落后再次为人的肉身给出差别于动物性的肉体生命的可能性。人的肉身正是在承受上帝的圣言中，生成为上帝圣言的承受者。这需要人对上帝言成肉身的事件和必然性的原初信仰。

　　言成肉身这种上帝自我分身凸现为历史的耶稣的事件，怎样显明其神圣性的根据呢？换言之，言成肉身的言，何以差别于一般言者的言而为神圣者之言呢？其唯一的方式，是让言成肉身的历史上的耶稣复活为信仰的基督，使肉身的耶稣生成为神圣者之言的基督。在耶稣基督外的肉身受死亡的限制，并在死亡中归于尘土，因这种肉身本来自尘土。[20]既然历史的耶稣和一般的意识生命体的差别在于祂是上帝之言成的肉身，既然成肉身的圣言原本是自在永在的存在之言，那么，从圣言生的耶稣就必然要在超越死亡中复活为信仰的基督，即耶稣的肉身必然生成为圣言——肉身成言。祂的死，并不意味着对上帝之言的弃绝与否定。

　　肉身成言，意味着借圣言而生的历史耶稣生成为信仰的基督，耶稣因此显现出自己的肉身和一般意识生命体的差别性，显现出自己的确来自神圣者之言，自己是圣言之肉身。因为，耶稣在圣父里面，圣父在耶稣里面；因为，耶稣所说的，不是凭着祂自己在说，而是住在祂里面的那一位在说。[21]因为，耶稣基督和圣言的言说者圣父本是一体。[22]

　　言成肉身的耶稣能够生成为上帝所应许的那一位，是由于祂坚信自己相对一切人类的差别性——相信自己是圣言所生，并为圣言所复活。[23]在耶稣基督对上帝的信仰中，应许了一切人借原初信仰生成为上帝圣言中的个别之言的现实性。尽管人在本源论意义上是上帝之言成的肉身，但在存在论意义上人

---

20 《创世记》3：19。

21 《约翰福音》14：10-11。

22 《约翰福音》10：30。

23 《马可福音》8：31-38；9：30-32；10：32-34。

的肉身远离了圣言。这里，如果人要重新在存在论上恢复自己的肉身和圣言的关系，唯一的选择是信仰圣言所应许的一切的真实性。在信仰基督对上帝的信仰中，人使自己的肉身生成为言，生成为位格性的存在者。同时，依靠耶稣基督突破自己作为个别存在者和存在的界限，在耶稣基督中同归为一。[24]

原初信仰的原初性，以历史的耶稣（言成肉身）生成为信仰的基督（肉身成言）为基础。凡是信仰肉身成言的肉身，都不再是肉身，而属于圣言的一部分。在信仰肉身所成的圣言——基督中，人的原初信仰永恒植根其中。因为，植根于原初信仰中的基督，原来就是永生的那一位。[25]人在自己对基督的信仰中，宣告自己作为人的绝对有限性和对限制自己的那一位的无限信靠的命运。

意性文化　美学　宗教

美学和宗教，构成意性文化。意性文化以人的客体化存在本源中的生命意志为前景，以生命情感、生命理智为后景，以此实现个体生命的人类学不朽。根据三种文化类型——意性文化、理性文化、感性文化——构成方式的差别即前景开出和后景置入的关系，它们各自有不同的关于人的存在的规定。理性文化为人及其作为存在背景的自然设定结构；感性文化为人及其作为共在者的社会设定动力；意性文化在护守中维持理性的心理秩序和自然秩序以及感性的情感秩序的同时，将肉体生命的生存提升为意识生命的存在，在人生超越及人生信仰中构建人的本质或人同其他在者的差别性。在文化心理结构中，生命理智用概念、观念对自然及人心的秩序给与分类，将个别性的对象（自然中的个别物及自我中的个别思想）的差别性沉思出来。生命理智在沉思对象的本质中给与对象以秩序；生命情感以人格、形式统合人与人及人心中的各种因素，其功能为融合或消除对象的界限；生命意志凭借信仰、超越的力量，护守生命理智的差别性直观和生命情感的相关性直观的结果，以此构建人的存在。同时，一旦人生信仰及人生超越不是以终极信仰及终极超越为原初性的给与者时，生命意志也将人的存在毁灭或沉沦。

意性文化不同于结构型的理性文化与动力型的感性文化，它属于超越型文化。意性文化生成在人对边缘处境——孤独、痛苦、空虚——的超越活动

24　《加拉太书》3：26-28。
25　《启示录》1：18。

中。当人的这种超越活动离开此岸的生命意志将其彼岸化时，信仰的虔诚就出现在人的意识中。人的存在通过生命意志的实践和构造活动，耸立在虚无地平线上。审美直觉、宗教顿悟，是人在虚无地平线上将存在从生存中生起的两种现身方式或两种活动性表象。人的自我，因此得以吸取在上的精神本源，耸立于虚无中。意性文化，为人类给出一个执着与信仰的生命世界。执着于人生、信仰存在者的存在性，成为人类共在的指向。

亚里士多德把心灵的发展分为实用认识（实用理性）和理论认识（理论理性）两个阶段。马克思认为这两个阶段并存，但在将来的历史进程中，理论理性将代替实用理性，人类才开始真理的时代在心灵中产生"向自由的飞跃"。孔德说：一旦实证的时代开始，宗教、形上的时代将结束。孔德的实证观念，主要指科学及哲学的理性实证。亚氏、马克思、孔德如此阐明心灵（心理意识世界），是因为他们以为生命理智就是人的文化心理结构的全部，忽视了人的生命情感、生命意志的功用。同样，叔本华把人的最深厚基础根植于人的心灵中的生命意志，把理智当作"动机的媒介"，理念是作为自在之物的意志的客体化对象。[26]尼采顺着叔本华开启的从生命意志理解人的文化心理的思想路径，将生命完全等同于强力意志，将强力意志设定为生物学意义上的生命发泄。[27]"一个生命体首先想要发泄其力量——生命本身就是强力意志（或译'权力意志'）——自我保存是它的间接的通常的结果之一。"[28]仅仅将人的文化心理结构限定为生命意志，和只以生命情感或生命理智限定人的文化心理结构一样，是个体生命的绝对有限性所致。就此而言，尼采与叔本华、歌德与席勒、马克思与孔德都不例外。在人类同在者全体中，很少有人能够将客体化存在本源全面展开。

其实，关于理性文化、感性文化、意性文化的文化类型说，我们是根据理想的个体生命全体应然发展的态势加以区别的。人类历史中的各种文化，一般以选择某种文化为典型，同时带有其他文化类型的特点。人类文化史中，并不存在标准的理性文化、感性文化和意性文化。关于三种文化的研究，是

---

26 叔本华：《作为意志和表象的世界》，石冲白译，北京：商务印书馆，1982 年，第177、191 页。

27 参看 M.兰德曼：《哲学人类学》，阎嘉译，贵阳：贵州人民出版社，1988 年，第138-146 页。

28 转引自尼采：《快乐的科学》，余鸿荣译，"译者前言"部分，北京：中国和平出版社，1986 年，第 8 页。

对文化类型的理想形态的阐说。

人的存在本源，一方面创造理性文化、感性文化、意性文化；一方面又生成人的理智生命、情感生命和意志生命。理性文化所赖以创生的概念、观念，为人生成一个人和对象的差别性世界，一个关于自然及心灵的秩序世界。感性文化的接受者通过情感的向我生成，因其所使用的语言中能指就是所指，所以，人与对象处于一种相关性的关系中。感性文化应许人心灵以宁静。意性文化在其接受者中，通过生成他的意志，指使人去超越自己的边缘处境和信仰其上的终极信仰。它应允人的是一个充满力量、行为的世界。

我为

当自我意识向我意识的时候，其结果是创造了理性文化、感性文化、意性文化。这三种文化类型，是自我意识的客体化对象。不过，自我意识在意识活动中还得有参与此种活动的主体，即意识的主体化本源。在讨论到理性文化与感性文化的主体化本源时，我们提出过我思和我爱两个范畴。同样，意性文化的主体化本源在我为中。

我思、我爱、我为是三种文化类型的主体化本源，作为存在本源的生命理智、生命情感、生命意志为其客体化本源。我在思、爱、为的活动中，始终伴随这种活动。反之，思、爱、为的产物，充实为其主体的我。我越是投身于思、爱、为之中，思、爱、为就越亲近我的意识生命。我思是意识生命体的自我意识差别性直观对象的活动，我爱是这种意识相关性直观对象的活动，我为是它护守差别性直观与相关性直观对象的活动。这里所说的对象，包括自然、社会之类的现成性对象和自我之类的生成性对象。

相关性直观和差别性直观，离不开我为的护守。我在差别性直观中和在相关性直观中，通过我对心理时间的占有，或我在心理时间这相对有限时段中的展开，把能思的与所思的差别性、能爱的与所爱的相关性留住。我思的切中，我爱的注入，因我为的现身而在心理时间中展开为一种文化心理现象。我在我的护守行为中，把对象的差别性和相关性护守在自我意识领域，让它们呈现在语言中不至于从虚无消失。这种护守，在美学上是我从虚无中的超越；在宗教上是我在超越中对终极信仰的信仰。由于我为对我思、我爱的护守，科学的、形上的思与艺术的、伦理的爱，才有美学及宗教的为的因素。艺术家所爱的形式、伦理家所爱的人格、形上家所思的观念、科学家所思的概念，无不是他们超越虚无、死亡和投奔存在之途的表达，是他们的朝圣对象和生命的一部分。

因为，我对相关性直观与差别性直观的护守，展开在我的由生命、精神组成的心理时间中，所以，柏格森说时间是生命或精神的根本特征，它与本能或直觉相关。在他看来，这是相对这种物质的根本特征和理智相关而言的。但是，时间并不像柏格森所说的那样，是在绵延中的过去与现在的相互渗透。"纯粹绵延，是当我们的自我让其生存的时候，当它阻止自身的现在状态与其以前状态分隔的时候，我们的意识所采取的形式。"[29]因为，过去的过去性，就在于和现在的远离。过去向现在渗透，仅仅是现在向过去渗透的假象。而且，绵延还体现在现在向未来的渗透中。绵延在时间历史论中，是现在承受的终极信仰通过降落于过去和生起于未来的无限生成本身。现在因着绵延降落在过去中、生起在未来中。不过，时间的绵延方式在不同的时间域又有差别，遵循不同的时间向度。就心理时间的在场对象言，心理时间的绵延以生命为背景、以精神的呈现为目的。柏格森把时间规定为生命、精神的根本特征，因为在柏格森的时间哲学中，没有关于个别时间相之间的差别的论述。同样，他也未把生命、精神纳入个别价值逻辑相中言说它们的差别性和相关性。

心理时间的绵延，在自我意识的层面表现为间断的时段突现。因为，现在承受的终极信仰在过去中的降落和在未来中的生起，是间断性的、时段性的。我护守终极差别与终极关联在下承诺的对象及其呈现出的差别性与相关性，立足于对心理时间绵延的占有。在这种占有历程中，我所为的转换为我能为的。我的存在，由此把不可能性和可能性展开为现实性。

尽管心理时间的绵延在潜我意识的层面类似于物理时间的不断继起，但它因为发生在人的意识生命中而不是叔本华所解释的是各个瞬间的先后继起。[30]它是现在在过去与未来中的继起，是现在的我超越于由肉身的生存延续为目的的潜我意识向自我意识的突现。心理时间的绵延在潜我意识层面的继起，致使人的生存向存在转换。我在存在中的所为，就是我护守对象在意识中的展开。

29 转引自罗素：《西方哲学史》，纽约：西门与舒斯特公司，1972 年，第 796 页。

30 叔本华：《作为意志和表象的世界》，石冲白译，北京：商务印书馆，1982 年，第 31-33 页。

　　我为的原则，是可能与现实的意志原则。凡是我所为的，都在我能为的范围内。它们对我的存在，便是可能的。这种可能，另一方面又建立在我对一切现成性的价值逻辑和时间相的遵从的现实上。我无能改变我的生命时段的终极有限性，尽管我在我的心理时段中可能延长我的心理时间；我无能阻止过去从我而去，未来不由我而来，尽管我可能留住并护守过去与未来在心理时间中，使之铸成我的意识生命体。只要我现身于自己的存在，一切可能也许是我的现实，一切现实也可能是我可能的遭遇。我怎样行为，决定了我怎样存在。总之，可能的与现实的对象，因为我的行为、我的现身而与我相关，并改变着和我的关系。我与它们的关系，借助我的现身行为被改变。其间，离不开我思的生命理智的指导和我爱的生命情感的激励。我思应允我向何处为，我爱承诺我因什么为。我为把我思带向所思，把我爱引向我所爱。我所思的与我所爱的靠着我所为的，共同生成我的意识生命和生命意识中的自我。

　　我为通过指使语言而为。既然是一种语言，那么，指使语言也内含能指与所指两种因素。不过，指使语言的指使性，又决定了它与符号语言及象征语言的差别。在我为中，我所为的其实就是我能为的，两者之间没有差别性和相关性的规定。我为是我的生存向存在而为，其发生的时间场为心理时间。心理时间的向我性，给与我为活动以直接性。我为即人的自我意识向自身而为。我与为姻缘相合，我既是为的主体，又是为的客体。我所为的，便是奠立在虚无地平线上我的存在。

　　我护守我的直观，护守我的存在。我在我的行为中，在我对虚无的超越和对上帝的信仰中突现出来。所以，我为与我的存在，是一种亲在。我不可能在为中不为自己的存在而为，或避开我的存在而为。我唯一的选择，是向我而为，为其所为。这种为与我的亲在关系，为我思其所思、我爱其所爱给与根本的可能性。因为思、爱，只是人的为的不同方式。

　　我为其所为，必须有我的现身。我将我的肉体生命、意识生命、精神生命、文化生命一同现身于我的所为中，现身于我所护守的对象中。这种现身，不是一个有空间位置的现成性对象要我注入，也不是一个我所感应之物无名等待着我切中，而是我一同在为中和我的存在出场。我与正在到来的我同时向现实性而去，去把过去的不可能性、未来的可能性通过我现身为现实性。我在为中的现身，构成我在心理时间中的相对有限时段。

我为是意性文化创生的主体化本源，生命意志是其客体化本源。我对差别性直观和相关性直观的护守并不意味着：我为这种主体化本源相比于我思、我爱或意性文化相较于理性文化、感性文化是从属性的。我为不只是为了思而为，不只是为了爱而为，我在所为中必须将我的思和爱后景置入我的潜我意识中，直接前景开出我的审美超越和宗教信仰。

审美超越，由审美主体的现身达成。审美主体在我的审美活动中，把我的意识生命的全部因素集中于审美客体，我的存在现身于审美客体。它展开在相应的心理时间中。这就是旧美学所说的审美活动中物我两忘的情形。[31]然而，审美客体不像旧美学所阐释的、仿佛是物一样的现成性在者，因为它诞生在审美主体的现身中。况且，审美活动最大的功用是于虚无地平线上生成一个新的审美者。我所为的审美，是我能为的我的存在。

审美超越，让我离开虚无突现在存在中，或让我的生存突现为存在。我为还有一种直接现身方式（我思、我爱与我为相较是间接现身方式），这便是宗教信仰。

审美超越是自下而上的我为现身方式，宗教信仰是自上而下的我为现身方式。无论任何宗教，只要不是现世的伦理或彼岸的形上、艺术承受终极信仰的理念体系，它都必须在先预设一个在上者并背靠这个在上者，展开特有的教理、教义及教阶制度。宗教信仰在直接承受在上承诺的基础上，塑造人的所为，或为人神关系的表达，或为神人关系的确证。人在宗教信仰中，要么因信称义，要么因行称义。这种信和行，源于对终极信仰的确证。人所信仰的，既是他所为的，又是他能为的，同时是他的存在。于是，对一种宗教的皈依，便成为个体生命存在和现身的直接方式。佛教徒在佛教话语中存在、现身于这种话语。基督教徒（不同于基督徒）现身于基督教话语依此同他人、自然及历史照面、交通。

意性我

我为这种意性文化的主体化本源及生命意志这种客体化本源，共同孕育

---

31 20 世纪 50 年代与 80 年代的中国美学讨论中，逐渐形成了以美学家高尔泰为代表的主观论美学、以蔡仪为代表的客观论美学、以朱光潜为代表的主客统一论美学、以李泽厚为代表的社会论美学（今天发展为"实践美学"或"新实践美学"）。由于这些学派普遍以美、美感的本质为问题域，在此称为"旧美学"。

了意性文化的诞生。意性文化在客体化本源论的意义上，以生命意志为前景、以生命情感、生命理智为后景，在主体化本源论的意义上以我为为前景、我思、我爱为后景。个体生命在意性文化的创造及接受中，把我生成为意性我，或以意性为我的根本规定性。意性在功能上，是我护守直观、把可能性与不可能性展开为现实性的能力；在结构上，是我在护守直观中形成的超越边缘处境的原初超越、信仰在上存在的原初信仰。意性文化，将我设定为意性我。

文化心理动力

　　在人的自我意识中，我思、我爱、我为及生命理智、生命情感、生命意志，分别为理性文化、感性文化、意性文化的主体化本源和客体化本源。它们各自通过知觉、感觉、直觉护守个别物的差别性和相关性。所有这一切，都是将自我意识作为一种结构性的文化心理现象的言说。它从静态方面探求"我"如何生成在人的自我意识中。

　　自我意识仅仅限于上述言说，还不足以完全被把握。作为一种文化心理现象，自我意识内含动态的解构性。价值逻辑论关于自我意识的意识，离不开对其文化心理动力的意识。

　　文化心理内在层面从建构性、解构性、相关性三方面被意识。这种意识，根植于心理价值逻辑主体——意识生命体——的潜我意识、自我意识、超我意识。它们是意识生命体的生成方式和存在方式。据此，文化心理层面又在心理结构、心理动力、心理超越三方面得以展开。文化心理结构的客体化本源，内含生命理智、生命情感、生命意志；其主体化本源，包括我思、我爱、我为。两种本源对象化为文化精神，有理性文化、感性文化、意性文化的差别。它们进而分别把人的自我生成为理性的、感性的、意性的我。

　　和文化心理结构相同，文化心理动力在差别性的意义上，也分为主体生存力、个体共在力、我体同在力。这三种力，作用于人的文化心理内在层面，促成自我意识的成长。

　　个别存在者的存在，以人的肉体生存为奠基。人要生存，要以大地为临界面左右展开心理时间的绵延活动，这是人从生理价值逻辑中承受的规定性。肉体生命，因此表现出自然性、本能性。它们源于人的肉体生命在生理上生存延续的需要。

主体生存力

正如意识生命体中的潜我意识是对生理价值逻辑在人身上的对象化意识一样，主体生存力，也是生理价值逻辑主体——肉体生命体——给与人自我成长的力量。当然，此处的给与，在终极意义上还是生理价值逻辑主体在承受普遍价值的承诺后的转给，是人的心理价值逻辑主体间接从生理价值逻辑主体中和直接从普遍价值中的承受。

生理需要

生理需要给与人的主体生命（人的肉体生命和动物的肉体生命的差别性，表现在前者的主体性上）以生存的力量。它包括人的作为内在生理需要的食欲和作为外在生理需要的性欲。主体生命要生存，离不开对自己食欲的满足；它要延续，就得在性欲的实现中传递基因。当然，并不是所有的性欲活动本身都以传递基因为目的。不过，人在生理需要的满足中差别于动物，他在意识中把自己当作满足的主体而区别于作为被满足对象的客体，区别于作为满足材料的物质、植物、动物和作为满足主体的他人（性欲的实现者都是有意识的主体生命）。

这样，如果一个民族的文化精神以食性为中心而自觉不到这种食性活动与动物的差别，那么，它必然会向动物沉沦；如果个人以食性意识为自己的全部意识内容，那么，其人性必然堕落为动物性。况且，人是在这种境况中有意识地沉沦和堕落。人丧失自己的主体性，沦为比动物的肉体生命还纯粹的肉身。因为，人在意识食欲和性欲中失去了把自己同动物相差别的直观力。

主体生存力，把人当作生存的主体，其主体性即人的肉体生命的意识性。这种意识性，将生理需要的满足主体和满足客体区别。人在其中把自己的肉体生命当作实践非肉体性生存的中介，把肉体生命的价值确立在对非肉体性生存的中介功用上。人既然开始了对肉体性生存及非肉体性生存的差别性意识，既然有了对人的自然性的个别性意识，那么，他就没有理由不对自然的自然性和人的自然性的差别加以意识，没有理由不意识人和非人的差别。人在对生理需要的满足中、在对主体生存力的实践中，把自己的意识对象从自身的自然肉体转向肉体的自然本源，意识自己与肉体生命、肉体生命与自然生命、自然生命与物质自然的差别。科学研究的正是这种差别。

科学，是人将自身从意识自己的肉体生命中获得的差别性直观力附加于肉体生命外的对象的结果。这种差别性直观意识，在人的心理意识中为形上精神的出现准备了条件。传统形而上学关注身心问题的原因就在这里。

主体生存力，通过在意识中满足肉体的生理需要，使人发现了自我差别（人作为意识主体与肉体的差别）和与自己差别的自然界。科学借助技术的力量，把人的主体生命同自然相关一体。人在满足生理需要、实现主体生存力的时候，意识到自己和自然界的相关性即自己的物性。将这种意识转向自然界本身，这是科学在人类史上诞生的心理原因；将之转向人的差别性意识本身，成为形上精神样式出现的心理理由。

主体生存力的动力指向，为生存延续的主体生命。它作为一种动力的动力性，实现在人的主体生命的有意识生存延续中，和在人的主体生命向自然设问的科学活动中。主体生命，为人的主体生存力给与实践的内在场所。肉体生命体、自然生命体、物质自然体，为之提供外在场所。

个体共在力

源于生理需要的主体生存力，在人身上是一种意识性的动力，因此，个别存在者的意识的差别性，使主体生存力在社会中对象化为个体共在力。个别存在者在满足自己的生理需要上表现出的差别性，是因为它们本来是个体性的存在者。他对实践着主体生存力的人而言，使之差别于持守本能需要的动物。

心理需要

人不是动物，因为他在文化心理动力中除了有主体生存力外，还有个体共在力。这种动力，根植于人作为个体生命的存在与其他个体生命存在的共在需要，或称作心理需要。个体生命的个别性，不是相对动物和上帝的个体性。在和两者的比较中，个体生命只有人的类性。个体生命的个体性，生成在个体生命与他人的共在活动中，以及在自己与他人的共在需要中。

个体共在力，确证个体生命不是单独的而是一个由和自己同样具有个体性的类的存在者。个体生命在与他人的共在中，生成自己的个体性。这是人的外在心理需要。人需要在爱他人中和在被他人爱中，把自己呈现为个体性的存在者。在生命情感向他人而去中，个体生命向他人而且被他人宣告为不可代替的存在者。个体生命的不可代替性，是一种内在的不可代替性，一种他必须自己去经历痛苦、孤独、空虚之人生边缘处境的经验性。换言之，个体生命的心理需要，最初是人的肉体同其肉体形式共在的需要。肉体生命与非肉体生命在肉身中共在。个体生命意识到自己不只是仅仅满足于肉体生存延续的生存者，还意识到自己是在意识并且被他人意识的存在者，意识到自己的意识也在他人的意识中。当个体生命将自己的意识转向自己的精神与肉体的差别时，当其意识意识到自己的意识与他人的意识的差别时，人就从主体生命生成为个体生命。

通过在自我意识中生起自己和他人的差别性，人满足了内在和外在的心理共在需要。差别性的意识物，在人的内在心理中和人共在。一旦个体生命带着自己的差别性意识同其他个体生命交通往来时，外在的共在心理需要就得以实现。

个体共在力在内在意义上是人同自身、在外在意义上是人同他人的差别性意识共在的力量。社会伦理出现的心理动力原因，在于个体生命的外在共在需要，在于个体生命在这种共在需要中的边界确定。个体生命如何以自身的差别性意识和他人共在，如何在与他人的共在中实现自己的心理需要，如何藉着政治的、经济的、法律的活动达成与他人的共在，属于社会学研究的课题。至于表现个体生命的差别性意识的艺术形式，只不过是人实现自己的内在共在需要的方式。人在外在的共在需要满足中，体会到自己属于类的个体；在内在的共在需要满足中，体验到自己的类的精神。个体共在力，把个体的我同他人的我相关联。我在同他人的共在中实现我的个体性。

个体共在力的动力指向，是他人的和自我的个体生命。个体生命同他人共在，需要将他人在先设定为个别性的存在者，或具有个体性的个体生命。否则，个体生命在共在中，就成了他人个体生命的主宰或奴役。当然，个体生命同他人共在，是同他人的个体性的生命而不是同他人的肉体生命共在。因为，个体生命只选择个体性的生命一同共在，而不会以类的生存者为共在对象。另一方面，他在同他人共在之前，必须有与自己共在的差别性自我意识。不然，这种个体生命，将没有内容同他人共在而在同他人共在中不在场。所以，个体共在力，在内是人同自我共在的文化心理动力；在外是人同他人共在的文化精神动力。一个人越有内在的共在力，他就越有个体性，越能同差别性的共在者共在。

我体同在力

既然人的主体生存力都是因为个体生命的差别性意识而区别于动物的本能生存延续，既然个体生命的共在必须是他带着差别性的意识生命去同他人共在，那么，个体生命的最终差别性来自何处呢？主体生命不同于动物的肉体生命的本能延续的根据，由什么给与呢？

在动力指向上，主体生存力选择的是人的主体生命，个体共在力是他人的个体生命。此外，还有在根本上承诺把人的主体生存区别于动物的肉体生存、把人的个体生存从他人中分隔的我体同在力。人和动物的差别，因为他的肉体生存侍奉于他的意识生命；人和他人的不同，因为他是差别性的个体生命。这种差别性，根植于人的心灵深处的我体同在力的作用。意识生命体这种心理价值逻辑主体的意识性，源于人的肉身和动物的肉体生命的差别性，而且，意识生命体在文化心理层面始终是个体性的、永远属于个人的生命体。他的个体性，在终极意义上由人的自我在承受终极差别的承诺中给与为个我性。

我体同在力，指人的自我和其在上的承诺者同在的动力。我超越于虚无地平线、信仰在上承诺者的存在，在这种承受在上承诺中使自己的我成为永恒的、神圣的我。在我的自我意识中，我有关于人应该超越虚无、信仰存在的意识和努力意向。谁也无权剥夺我的这种意向，因为它来自神圣者的在下承诺。

心灵需要

我体同在力，根植于人的自我的心灵需要。生理需要表明我的肉身或我的存在基础同自然的相关性及差别性，心理需要把我的个体性向个体性的他人显明出来，确证我和他人的差别性与相关性。但是，他人的存在、自然的在，都不是我的存在的终极给与者，因为它们为有限性的在场者。我的内在心灵，渴望一种外在的、不同于自然和他人的力量来充实。我要在被占有中，占有那能够应许我的差别性以神圣保证的对象。

人的心灵，需要内在地超越虚无和外在地信仰在上的存在。自我在同在上存在的同在中，获得无限的、绝对的、终极的保证。我不能被代替，因为我的同在对象承诺了我在虚无地平线上的唯一性。我的身体仅仅属于我自己，构成我和在上的存在同在的唯一中介。我在超越中信仰上帝的神圣给与，在承受上帝的神圣给与中把我建立在心理时间中，使之生成为纯粹的我体。

我的心灵需要，在超越虚无中和信仰神圣者的存在中为美学及宗教给出可能性。我在我的肉体中，注入来自在上的神圣者的神圣性；在我的精神中，现身的是同肉体生命相差别的差别性意识。我在心灵需要的满足中不再有边缘处境的侵扰，痛苦因为我有限的个体与无限的完全本身的交通而消逝，孤独因为我有神圣者的同在而远去，空虚因为我在承受在上者的承诺而流走。

我体同在力的动力指向，是生成着的自我（纯粹自我）及在上的同在者本身。那和我同在的，既是同在中的我，又是同在中的神圣者。我在信仰神圣者之中超越了虚无，将那唯一属于我的存在生起在虚无地平线上，接受圣光的普照、护守、看顾。这种神圣者应许的我，将我生成为不同于他人的个体生命、不同于动物的主体生命、不同于肉身的我体生命。自我意识在文化心理动力中的最终本源，就是对这种我体生命的意识和对我体同在力的意识。

如果说主体生存力分别把人同自然物（现成性价值逻辑主体）、个体共在力把人同社会中的他人（社会价值逻辑主体）相关联，那么，我体同在力则把人同自我的神圣性相关联。人的我之所以是我，因为神圣者应允我特定的存在方式。这样，一切在审美超越中没有将生命根植于对终极信仰的信仰上的我体生命，都不是纯粹的我体生命；一切在伦理共在中没有将生命奠基于对终极差别的信仰上的个体生命，都不是纯粹的个体生命；一切在肉体生存中没有将生存方式立足于纯粹我的肉体生命中，都不是纯粹的主体生命（人）。我体生命只有在和神圣者的同在中，才有自我的我体性凸现；个体生命只有在和他人的共在中，才有自我的个体性显明；主体生命只有在和自然的交通中，才有自我的主体性张扬。

人的主体生存力，将人引向他的存在背景——自然；人的个体共在力，使人明见他的存在伴侣——他人；人的我体同在力，让人承受他的终极的存在根据——上帝。所以，人是生存在自然中与他人共在和上帝同在的存在者。文化心理动力的根源，在于人的需要。主体生存力源于人作为主体生命生存于自然中的需要，个体共在力源于人作为个体生命共在于他人中的需要，我体同在力源于人同在于自我中的需要。

心理动力与心理结构的对应性

文化心理动力与文化心理结构，被价值逻辑论分解为三方面的言说，这是因为人始终面对着三种关系：人与自然、人与他人（社会）以及人与自我的关系。[32]文化心理内在层面和文化精神外在层面，必须对这三种关系做出明确的回答。从关于心理动力及心理结构的阐释中，我们发现：在两者中，主体生存力与生命理智、个体共在力与生命情感、我体同在力与生命意志，分别对应于人与自然、人与社会、人与自我的三重关系。主体生存力以人的自然性肉体生命和自然性在场者（物质自然、自然生命、肉体生命）为动力指向，生命理智却把他人的自然性本能与非自然性本质、把人和自然相差别；个体共在力的动力指向，为作为肉身形式而与肉身相差别的个体生命和他人作为肉身形式的个体生命，生命情感一是向人的肉身形式而爱，一是对他人肉身形式之爱；我体同在力的动力指向，为人内在心灵的我及承诺这种我的外在的、在上的纯粹我体（上帝的纯粹我性，这因为祂借着言成肉身和肉身成言而不再是肉身性生存者而是存在本身，是纯粹的我体），生命意志在超越虚无、信仰存在中，护守着人的纯粹我体。

文化心理超越

文化心理动力与文化心理结构的对应性，在人的意识生命中绝不是一种僵死的、机械的对应性。它们在各自界域从不同的视角生成人的自我意识。这种意识在文化心理动力中，为主体性的、个体性的、我体性的，在文化心理结构中为理性的、感性的、意性的。

但是，文化心理动力与文化心理结构通过什么力量相关呢？既然都是意识生命体中生成自我意识的因素，难道它们就只有绝对的差别性吗？难道它们是在维持自己的绝对差别性中承诺自我意识的生成吗？

在人的文化心理内在层面，如果意识生命体要作为完整的有机体，便少不了文化心理超越的存在。正是文化心理超越的功能，打破了心理动力及心

---

32 在笔者 2007 年后的世界图景逻辑理论中，这种关系还明确包括人与语言、人与时间、人与历史以及人与上帝的关系。

理结构的绝对自足性，把它们限定在一个有限的界域内，在看顾两者的差别性中同时创生出两者的相关性。

超越的涵义

超越意味着：超越者对被超越者的有限性的包容，超越者应允被超越者以更大的空间，超越者越过被超越者的差别性，将自己同被超越者相关为差别性的相关对象。在这种相关对象中，超越者和被超越者互为中介。所以，超越不意味着：超越者和被超越者的互相敉平而是彼此凸现在对方中成全对方；彼此的差别性，并不因为超越而丧失了，而是在相关性中绝对地被保留。

文化心理超越与审美超越

两者互相区别又互相关联。前者是意识生命体中的自我意识生成中出现的普遍现象，后者是自我意识借助生命意志如何护守差别性直观及相关性直观带出的人作为"我"的实践中的个别现象。审美超越，是意识生命体以原初超越方式（包括原初概念、原初观念、原初形式、原初人格、原初信仰及原初超越本身）反抗虚无与死亡实现的纵向超越，即存在对虚无及死亡的超越。文化心理超越，是意识生命体中的自我意识里的心理动力内部与心理结构内部、心理动力与心理结构之间、存在与生存之间的横向超越。

文化心理动力的内部超越

文化心理动力，由主体生存力、个体共在力、我体同在力构成。它们之间存在内部超越关系。主体生存力不是意识生命体如何存在的唯一力量，在此之外还有个体生命的共在力、我体生命的同在力。主体生存力在自然（外在自然与内在肉体）中满足生理需要时，生成人的意识性。人的意识，生成在人对外在自然与内在自然的差别性意识活动中。当这种意识把其意识主体意识为和他人共在的个体时，主体生存力就是个体共在力的中介，它在个体共在力中被创造，又一同创造着个体共在力。而且，个体共在力的终极个体规定性，必须使之成为我体同在力的中介。我体在和在上的纯粹我——上帝——的同在中，承受意识生命体的主体性及个体性。正是在上的承诺者在下承诺人的我体，绝对确立了个体生命、主体生命的规定性。这里，三种力之间的超越关系，不是彼此互为工具化的关系，而是互为中介化的关系。一个离开另一个，都不能成全人的意识生命体中的自我意识。三种动力在相互中介中，同时持守自身的差别性。

文化心理结构的内部超越

文化心理结构，内含生命理智、生命情感、生命意志。它们之间的内部超越关系，表现在三者分别作为文化创生的客体化本源时的前景开出与后景置入的活动现象中。在个别文化类型的创生中，生命理智、生命情感、生命意志各自成为一种文化类型的前景开出对象，其余两者在此种文化类型中充当后景置入的对象。以生命理智为前景的理性文化，将生命情感、生命意志后景置入人的文化心理结构中，使生命理智在差别性直观中不至于忘记差别性在场者的相关性和对这种规定性的护守；以生命情感为前景的感性文化，后景置入的是生命理智和生命意志，感性文化由此生成为相关性的差别性的文化类型，生命意志又潜在地护守这种相关性的差别性；以生命意志为前景的意性文化，后景置入生命理智和生命情感于自我意识的文化心理结构中，生命意志因此获得差别性与相关性的护守对象而不是纯粹破坏性的、冲动性的力量。

心理动力、心理结构的内部超越给与精神动力、精神结构出现的可能性

在文化心理结构中，文化类型的三种客体化本源中的任何一种，因在前景开出和后景置入中体现出的超越关系而不具有绝对性和神圣性。自我意识的文化心理结构，在此所呈现出的有限性规定，带出一个更高的超越者——文化精神结构——存在的必要性。心理结构的内部超越，为文化精神结构在心理内在层面之外的出现预备了可能性。同样，文化心理动力的内部超越，指明任何个别的心理动力都是一种有限性的力量。假如心理动力只停留在意识生命的心理内在层面，其相关性和差别性对人类将是不可知的。正因为文化心理动力的内部超越为其成为文化精神动力被超越的对象给出了典范，心理动力才在被精神动力的超越中找到了根源，从而将自身的规定性展开在自我意识中。

心理动力与心理结构的外部超越

心理动力与心理结构内部的超越，发生在个别动力因素间的彼此中介化关系中及在个别结构因素间的前景开出与后景置入活动中。但是，在心理动力与心理结构之间，还有外部超越关系，即心理动力对心理结构的超越关系。这种关系表明：在自我意识的文化心理内在层面中，心理结构不是一种绝对的建构力量，心理动力也不是一种绝对的解构力量。作为文化心理现象，心理结构与心理动力，都服从于一切现象的解构性（心理结构又是文化心理的自我建构）和建构性（心理动力又是文化心理的自我解构）的双重规定。心理结构在被心理动力的解构中建构自身，心理动力在被心理结构的建构中解构自身。由于心理动力及心理结构的外部超越关系，它们在文化心理中才没有成为一种绝对的对象，而是促使自我意识创生的相对有限对象。

心理动力被心理结构建构和心理结构被心理动力解构，意味着人的自我意识的生成性，使心理价值逻辑主体——意识生命体（内含潜我意识、自我意识、超我意识）——差别于个别现成性价值逻辑主体，从而构成个别生成性价值逻辑主体的开端（社会价值逻辑与历史价值逻辑两者的主体生成性，无不在本源论上依赖于心理价值逻辑主体的生成性）。所以，心理价值逻辑主体的待定性，是由于自我意识中的心理动力和心理结构的内部超越与外部超越关系的生成性所致。

心理动力和心理结构的外部超越关系，具体化为主体生存力与生命理智、个体共在力与生命情感、我体同在力与生命意志的三重超越关系。

文化心理动力与文化心理结构分别构成超越关系的原因及实现方式

主体生存力的动力指向，为人的内在自然和外在自然（即作为自然性的肉体与作为自然性的物质、植物、动物），因而，它实现在人与自然的关系中。生命理智在知觉的差别性直观中，直观出人的生存本能与存在本质的差别。人的生存本能，即人的内在自然——肉体生命的生存延续。这种内在自然的实现，建立在人对外在自然的消费上。外在自然在被人的肉体生命消费中，生成为内在自然的一部分。不过，人的存在本质，还要求人在自己的内在自然之上，创造人的主体性的、个体性的、我体性的自我。这样，生命理智和主体生存力一样，关涉到人与自然的关系问题。这是主体生存力与生命理智构成超越关系的原因。

生命理智的知觉功能，就是要在人的生存本能与存在本质之间、在动物的生存与人的存在之间以及在物质与植物之间，做出差别性的符号性的规定。生命理智在理性文化中，承诺人的是一个差别性的世界图式。因其差别性而有秩序性，并且，这种差别性世界图式的绝对确立，还建立在生命理智对绝对存在本身的知觉直观上，建立在自我意识对上帝在下承诺纯粹我的承受上。但是，心理动力中的主体生存力，根植于人的生理需要，根植于人对自然的物质、植物、动物的消费上。一个本来和人分隔的自然界，因主体生存力而同人的主体生存相关联。在这种关联中，个别的主体生命获得普遍性的存在意义。于是，主体生存力将生命理智的差别性直观中介化为相关性直观，把差别性的自然图式关联为相关性的有序图式。科学（指自然科学或者根据价值逻辑论区分为的物理学、生命学、生理学）关于自然的概念知识体系的成立，在心理学上、在人的自我意识的文化心理层面、在主体生存力与生命理智的外部超越关系中由此找到了根据。

个体共在力的动力指向，是个人与他人（人与社会）的关系。作为个体生命的人，首先同自己的差别性意识共在，然后用这种差别性意识同他人的差别性意识共在。个体生命在和他人的个体生命共在中，发现了自己相对他人而存在的个体性及和他人的相关性。个人与社会的关系，就是通过个人与个人的共在而被具体化。这种具体化，少不了人的文化心理结构中生命情感的功用。生命情感尽管是由个人的感觉应许的相关性直观力，不过，它主要还是在个人与他人（社会）的相关性中实现自己的直观力。个人与自然无论多么相关，作为主体生命的个人和自然中的物质、植物、动物以及人的肉体生命始终有差别；个人与他人无论怎样差别，作为个体生命的个人，必须永远在与他人共在中才能显明自己的个体性，即同他人的个体生命的相关性。这就是一般所说的人的社会性的实质内容。生命情感和个体共在力共同面对个人与他人（社会）的关系问题，从而构成一重超越关系。

生命情感在感觉中的相关性直观力，把生命情感的所有者——人类全体中的个体生命——相关为一体。由于生命情感在个人文化心理内在层面中的作用，个人感觉到自己作为一个类差别于自然及上帝而有相关性。个人在这种关于自身的差别性意识中（个人作为人的类和其他类的差别性意识），反而意识到自己与他人的彼此相关性。这种相关性，是实现在个体生命的原初人格与他人的原初人格中。另一方面，个体共在力，要求个体生命在他人中共在，要求个体生命以自己的差别性意识同他人的差别性意识共在。个体共在力，指向他人的个体生命，并在同他人的个体生命共在中相关为人类生命（人类）。不过，共在不等于个别个体生命的彼此融合，否则，个别个体生命在共在中就不可能在场。所以，个体共在力，要求生命情感在相关性直观中持守生命情感的所有者——个体生命的个体性，即同他人作为个体的共在者的差别性。个人关于社会的伦理道德体系，在心理学上来自个体共在力在个人的共在活动中对个体原初人格的维护，和生命情感在个体生命的共在中把共在者全体相关为人类生命体。个体共在力与生命情感，为伦理学的诞生给出了心理学的解释。那把个体生命全体（或同在者全体）纳入普遍的社会道德图式的力量，在本源论意义上是个人的文化心理内在层面中的生命情感与个体共在力的超越关系。

我体同在力，是个人在内生成自己的纯粹自我、在外承受在上承诺并与其承诺者同在的力量。根据心理动力的内部超越关系，我体同在力，为个体共在力、主体生存力作为文化心理动力的个别因素给出终极可能性。人的自我从哪里来？自然生存的主体生命本身的绝对相对性、他人共在的个体生命本身的绝对有限性，使它们不可能构成人的自我的终极给与者。另外，人的自我，既然是一种生成性的、存在性的而不是现成性的、生存性的肉体生命，那么，它就只能在非肉体性的、非生存性的对象中寻出承诺者。由主体、个体和最终由我体在上承受的我，才是人的自我的终极本源。我体同在力，必然内含人（我体）与自我这种深度关系（人与自然、个人与社会的关系，无不根植于人与自我的关系）。另一方面，文化心理结构中的生命意志，以心理时间中的现在为基础，超越虚无死亡、在上承受终极信仰的在下承诺。生命意志凭什么去承受呢？难道一个生命意志所有者的肉身就能承受非肉身性的存在吗？显然不能。生命意志对终极存在的承受，由在承受中出现的内在于我体生命中的纯粹我达成。我在对终极存在的承受努力中，生起在虚无地平线上成为纯粹的我体。正是这个源于终极存在的我体，规定了人作为我体生命的我性、个体生命的个体性和主体生命的主体性。生命意志在超越虚无、信仰上帝（终极存在）中产生出的人与自我的关系，同是我体同在力面对的关系。它与我体同在力因此有超越关系。

主体生存力与生命理智、个体共在力与生命情感这两重超越关系，不能没有我体同在力与生命意志的超越关系的护守。超越，意味着超越者与被超越者的中介化活动，意味着它们彼此的成全活动。任何活动，都是人的生命意志的实现，是我体同在力在同上帝同在中承受的纯粹我的意志的完成。

生命意志在直觉中，对生命理智的差别性直观及生命情感的相关性直观的护守，根据我体同在力在人的心理意识中及在人的我体和上帝同在中承受的纯粹我。正是这个纯粹的我，在护守生命理智及生命情感所给与的差别性与相关性意识。生命意志让人超越虚无地平线，信仰普遍价值的在上承诺者上帝的存在，这个出人的生命意志在上信仰的上帝，同时是和在下的人类中的我体生命同的上帝。上帝与个别存在者同在，在这种同在中呼召我体保持和作为它的中介的肉体的间隔。于是，人在我体同在力的持有中、在生命意志的在上超越与信仰中，不至于将自己的存在混同于自己的生存，不至于在对自然的意识中忘记自己同自然性在场者——物质、植物、动物——的差别，更不至于在同他人的共在中失却自己的个体性而与他人融合一体。生命意志借助我体同在力，绝对地让人承受到自己的纯粹自我、自己的存在本源，且以此为基点护守人作为个人的个体性及作为主体的主体性。我体生命在我体同在力和生命意志中生成着的纯粹我，最终确立了人的存在的主体性、个体性和我体性。而且，人这个主体生命、个体生命、我体生命的存在者的所有差别性规定，都同充当同在者另一方的上帝发生关联。个人的心理意识生命，因此而有社会性、历史性。我体生命在与他人的共在中，对象化为个体生命，这给与人以社会性；我体生命在与上帝的同在中，对象化为区别于自然的主体生命，这给与人以历史性。我体生命、个体生命、主体生命，是人的心理意识生命体的样式；社会性、历史性、存在性，是其特性。

生命意志在护守生命情感、生命理智中的超越性，和我体同在力在承受了同在者的在下承诺中承诺个体共在力、主体生存力的纯我性，为美学这种以审美直觉为中心问题的学问形态在心理学上给出了依据。在审美直觉中，人体认到自己的纯粹我性和神圣者的纯粹神性在场。审美中的无言现象，根源于人的我体与上帝的直接交通，根源于人的生命意志在超越中和上帝存在的直接往来。同无限往来交通的人，还需要语言来言说吗？我体生命被归入普遍的审美直觉图式的原因，就在我体同在力与生命意志的超越关系中。

文化心理动力与文化心理结构的横向超越关系表明：任何人的文化心理结构，因为文化心理动力的中介化都不是终极的结构。心理结构在被心理动力中介化中所呈现出的不定性，使任何个人的存在具有不断完化和有限性的特点。在心理结构与心理动力中，人的有限性即自我意识存在的有限性。人作为主体生命在自然面前有限，作为个体生命在他人面前有限，作为我体生命受上帝限制。而且，正是人在我体同在力及生命意志的在上超越中所带出的终极有限性，决定人在自然、社会中的现象有限性。

心理动力超越心理结构的结果

心理动力与心理结构的超越关系，最终使人的存在从其肉体生命中生起，将人的肉体生命的生存区别于动物的肉体生存。前者的肉体生存在人的存在中被中介化，后者的肉体生存就在其生存者中同一化。这样，即使在人和动物的相关性意义上，人的生存也差别于动物的生存。因为，从人的生存着的肉体生命中，生起了仅仅属于人才有的存在现象，使之和动物相区别。存在对生存的超越，把生存当作存在的中介，使人摆脱了边缘处境的绝对统治。等待着人的，不再是无法突破的虚无，而是虚无地平线上的存在和看顾这种存在的上帝。人在存在中，不再是世俗化不朽道路上的牺牲，而是奔向人类学不朽的朝圣者。人离开的，从来都不是动物性的本能性的自然界，因为人从一开始就没有在那里，他属于人类性的本质性的精神界。

人的存在对生存的超越，在内是人的存在对自己的肉体生命——肉身——的超越，在外是对一切现成性价值逻辑主体——物质、植物、动物——的超越。传统哲学中精神与物质的关系，实质上是人的存在与外在自然和内在自然（肉身）的关系。价值逻辑论在关于人的文化心理的结构、动力、超越的言说中对此的回答是：精神与物质的内在关系，即人的存在同其生存的超越关系；精神与物质的外在关系即人与自然的超越关系。

文化精神外在层面出现的必然性

心理动力与心理结构、存在与生存的超越关系，预定了个人从文化心理内在层面跃升到文化精神外在层面的必然性。人的生存区别于动物生存的地方，在于人的存在的事实。心理动力与心理结构在横向超越中创生的理性文化、感性文化、意性文化，把人从心理意识性的存在中解放出来，使人生成为精神性的、文化性的存在者。人不但是意识性的存在者，而且是在社会中与他人共在的精神性的、在历史中与上帝同在的文化性的存在者。一个仅仅属于人的在本源论上依赖于人的意识、在存在论上表现为精神的、文化的世界，决定了人这种意识生命体、精神生命体、文化生命体的存在方式。因此，文化心理内在层面对人而言，只不过是文化精神外在层面的中介。它不是人的生命的终极皈依，而是人的存在起点。从文化心理的内在性存在步入文化精神的外在性存在，人才不至于被虚无所吞灭。他从此升华为社会性的、历史性的存在者。

文化心理内在层面和自我意识的关系

自我意识和潜我意识，是人意识自己的存在与生存的产物。在意识生命体中，潜我意识，更多地标出人的生存和生理价值逻辑主体——动物的肉体生命体——的生存的相关性；自我意识，侧重于人的存在和动物在生存上的差别性。这种差别性，由人的文化心理内在层面得以展开，最终通过人的意识生命体中的超我意识实现在文化精神外在层面中。在从自我意识的讨论过渡到超我意识之前，有必要阐明文化心理内在层面和自我意识的关系。

心理价值逻辑主体——意识生命体，和其他现成性价值逻辑主体的根本差别在于它的生成性。这种生成性，一方面让意识生命体以潜我意识意识人的肉体生命与动物的肉体生命的相关性，通过此种意识，意识生命体确立了个别现成性价值逻辑主体的个别性；另一方面是意识生命体在意识自身中生成自我意识。意识生命体的生成性，集中体现在自我意识之中，体现在我作为我体对自体的意识中。人在意识自己的意识生命中，生成自己的我——自我。这种对自己存在的意识，即自我意识。

人的存在由什么生成？它由作为文化心理现象的自我意识生成。自我意识在意识我的思、爱、为之类生成性活动中，发现是深存于意识生命体中的我在思、我在爱、我在为。我同思、爱、为的绝对相关，才有我思、我爱、我为的主体化存在本源。

存在的主体化本源与客体化本源

它们一同构成人的存在本源。客体化本源指我的思、爱、为的完成方式。我思以存在本源中的生命理智为前景，以生命情感、生命意志为后景生成理性文化；我爱以生命情感为前景，以生命理智、生命意志为后景生成感性文化；我为以生命意志为前景，生命理智、生命情感为后景生成意性文化。文化的客体化及主体化本源，同样是人的存在的客体化及主体化本源。因为，如果没有人类文化的承传，个人的文化心理内在层面及其存在便无法得以认识。人被称为文化的存在者，只因为其存在是文化性的，因而也是历史性的。

自我的分解

存在的主体化本源和客体化本源，是从文化心理结构方面深度揭示人的自我意识。关于自我意识和由此创生出的人的存在，还必须从文化心理动力方面加以展开。心理动力，将自我——人的存在标志——分解为主体生存力、个体共在力、我体同在力。我思、我爱、我为这些存在的主体化本源，尽管一部分涉及人与自然、人与他人、人与自身的关系，但通过形上、艺术、宗教所展开的另一部分却限于人的自我存在内部。另外，心理动力在另一半上，侧重于人与自然、人与他人、人与自我的关系。因为，主体生存力内含我作为主体在外在自然中和在内在自然中的生存力，个体共在力是我作为个体在他人中和在关于我的差别性意识中的共在力，我体同在力是我作为我体在上帝中及在由我承受的我中的同在力。与我同在的这个纯粹我，在终极意义上是我能够作为差别性个体与他人共在、我作为差别性的肉体生存（即区别于动物的肉体生存）在自然中生存的可能性的承诺者。当然，这个纯粹我本身，又是来自于纯粹存在——自在永在的上帝——的在下承诺。在此，心理动力呈现出内部超越的意向，如同心理结构的前景开出和后景置入达成内部超越活动一样。

存在超越生存和心理动力与心理结构的横向超越关系，最终把意识生命体中的自我意识的自我确立为：在心理动力上的主体我、个体我、我体我（纯粹我）以及在心理结构上的我思的理性我、我爱的感性我、我为的意性我。同时，为超我意识在文化心理内在层面之外即文化精神外在层面的生起给与了必然性的承诺。

超我意识与文化心理内在层面

文化心理动力的内部超越，把自我分解为主体的、个体的、我体的存在者。而且，正是我体的纯粹我性，给与我作为个体、主体存在的根本规定性。这种纯粹我性，源于我超越虚无地平线直接在上承受普遍价值的承诺。由心理结构的内部超越所带出的存在的主体化本源中的我，也是在先被切中、被注入和被现身的。因为，内部超越创生的理性文化、感性文化、意性文化，无不相应地以我思、我爱、我为为主体化本源。换言之，在思、爱、为中的我，并不是在本源论上来自于对文化类型的阅读，而是在阅读开始之前，就有我的思、我的爱、我的为，就有我作为主体之思、我作为个体之爱、我作为我体之为的"我"的存在。那么，这个在先的我又生于何处呢？假如没有自我意识之上的一个绝对自我的在下承诺，自我意识无论怎样意识人的心理内在层面，它也不可能被终极地规定为自我的意识，或作为我存在的意识。

心理动力与心理结构的横向外部超越关系的发生，依然是由于心理动力在先把自我分解为主体的、个体的、我体的存在者，是由于心理结构中在先有我思、我爱、我为的主体化本源。文化心理超越，虽然把自我意识确立在人的存在中，但它只有借助超我意识才能为这种确立给出终极规定性。

超我意识与文化精神外在层面

超我意识作为超我的意识，已经不是自我意识，不属于文化心理现象。因为，它给与自我意识的自找性以可能性，承诺文化心理现象以心理性。所以，它是走向文化精神外在层面的过渡环节。超我意识，又是意识生命体中的一种意识现象，它不是自我意识但是意识的一种方式。在此意义上，超我意识，并不能代替文化精神外在层面中作为社会价值逻辑主体的精神生命体。它位于文化心理内在层面与文化精神外在层面的中间地带，既向自我意识这种文化心理现象给与终极可能性，又向精神生命体这种社会价值逻辑主体提供生成可能性。

超我意识超越自我意识，是对自我的本源论意识或追溯。它给与个别自我作为自己的我以普遍性的根据。

自我意识与超我意识

在超我意识中，自我意识已经被中介化。中介化的自我意识，借助自我的出走而在社会价值逻辑中生成为精神生命体。自我意识，不再停留在文化心理层面被动等待虚无来消食。它主动展开在文化精神层面中，固定为文化精神结构、文化精神动力与文化精神超越，进而生成人的社会习俗与历史传统。个体生命成长为人类生命，其心理学的可能性，就在自我意识向超我意识的过渡中，在文化心理内在层面向文化精神外在层面的过渡中。一旦没有这种过渡，个体生命无论有多么充实的科学知识、伦理道德、审美直觉，他都不属于人类生命，不属于社会中的共在者全体和历史中的同在者全体。因为，人类无法对这样的个体生命加以认定；因为，没有文化精神外在层面，人类便无法窥见个体生命的文化心理内在层面。在心理价值逻辑外，必然有社会价值逻辑和历史价值逻辑两种个别价值逻辑相，这由意识生命体中的自我意识与超我意识的关系所决定。

　　自我意识与超我意识的关系，除了可以从个别价值逻辑相（这里主要是心理价值逻辑与社会价值逻辑）之间的相关性来讨论外，还能够从意识生命体（心理价值逻辑主体）与普遍价值的相关性与差别性方面加以探究。

从意识生命体与普遍价值的相关性和差别性方面的探究

　　超我意识，已经是超越了自我的意识。按照价值逻辑论关于超越的定义，超我意识将以自我意识为中介，在自我意识生命体之上、在上承受普遍价值的在下承诺。因此，它是对自我的本源性意识，是对自我意识的根源性意识。它要意识个别自我意识之上的普遍自我的存在，意识普遍自我如何同个别自我相关联和相差别，并在这种意识中承诺个别自我意识的普遍性，使自我意识对象化为人类意识中的一部分。个体生命因而生成为人类生命。超我意识，从对普遍价值的意识中获得的普遍性，不是来自社会中的有限共在者，也不是来自历史中的有限同在者。它所承诺给自我意识中的普遍性，因而没有有限性而是绝对的普遍性。在超我意识中，自我意识是其获取普遍性的中介。超我意识本身，又是普遍价值显明自身的中介。

普遍自我的纯粹性

　　超我意识的超我性，来于承诺超我意识的普遍价值的超个别自我性。普遍价值的普遍性，是相对个别价值逻辑相全体而言的普遍性。当普遍价值面对其在下承受着的意识生命体（心理价值逻辑主体）时，普遍性的普遍价值具体化为普遍自我（或纯粹自我）。这个普遍的自我，因为是个别自我的普遍性的给与者，所以区别于有限性的个别自我而是超我意识的规定者。普遍自我的纯粹普遍性，在于它在确立自身的我性时，纯粹不依存于其下的承受者——个别自我——的我性，在于它自己给与自己以我性。然而，一切"我性"的终极根源，就在于"我是其所是"（或译"我是自有永有的"），[33]我给与

33　《出埃及记》3：14。

我自己以我性而不被给与，我的我性根据于我自己，普遍于一切个别存在者的自我，普遍于亚伯拉罕、以撒、雅各直到万代。[34]上帝就是这样，借助耶稣基督永远持守自己的神圣性而同个别存在者（祂的信仰者和非信仰者）相差别，凭靠圣灵（神圣者之灵、差别为圣之灵）的交通把自己同个别存在者相关联。[35]上帝成为普遍的自我，上帝就是那唯一的普遍自我。耶稣基督的中保，将个别自我差别于上帝自身以至于在上帝同个别自我的关联中不会丧失普遍的差别性，圣灵的交通将个别自我相关于上帝自身以至于上帝在同个别自我的差别中不失去普遍的相关性。

作为普遍自我的上帝，通过圣灵（Holy Spirit，即神圣精神）和个别自我相关联；圣灵又是差别于一切创造者的神圣精神，那么，自我意识在被超我意识的超越中承受普遍自我的，必然是一种神圣的精神样式。因为，只有精神性的样式，才对精神性的普遍自我做出回应。

超我意识以形上、艺术、宗教的精神样式在自我意识之上承受普遍自我（或称为普遍精神）的在下承诺

这种承诺将所承受的规定性给与自我意识，让在自我意识中处于原初状态的原初观念、原初形式、原初信仰脱离其原初性。意识生命体在自我意识中对虚无的反抗（原初概念、原初人格、原初超越为自我意识反抗虚无的方式），在超我意识中对象化为原初观念、原初形式、原初信仰对死亡的反抗。反抗死亡的原初方式，生成为与永恒精神相关联的形上精神、艺术精神、宗教精神。

超我意识在上承受普遍自我或普遍自我在下承诺超我意识的方式，差别于作为人与上帝的中保的耶稣基督。后者和普遍自我——上帝本身，既有差

---

34 《出埃及记》3：15。

35 圣灵（Holy Spirit）在《圣经》中"指三位一体的第三位。祂将我们引向基督，洗清我们的罪，使我们能承受基督为我们个人的救主，确保我们得救赎，让我们过得胜的生活，理解《圣经》，据上帝旨意祈祷，与他人分享基督"。Spirit 在希腊语中为 pneuma，有"呼吸、微风、气流、风、灵"的涵义。holy 在希伯来语中为 qadosh，有分隔、献身于神秘目的的涵义。动词 qadash 意味着"为了圣洁的目的将某物或某人分隔"。圣灵一方面将上帝与人分隔，同时又是上帝、圣子、人之间的交通者、相关者。参看 *Bible For Spirit Filled Living New King James Version*（1991 by Thomas Nelson, Inc.）中的《罗马书》7：6 关于 Spirit 的注释和《利未记》19：2 关于 holy 的解释。

别性又有同一性的位格；前者是后者的承受者，是后者在个别自我中的实践。如果没有耶稣基督在充当人和上帝的中保中所确立的两者的差别性，超我意识在承受普遍自我的承诺中就不可能有神圣性。形上、艺术、宗教这些精神样式的超我性，最终由三位一体的上帝（普遍自我）给与。

为什么形上、艺术、宗教的精神样式同上帝相关联？因为，在形上的、艺术的、宗教的书写、阅读及文本中，内含形上精神、艺术精神、宗教精神；作为精神样式的形上、艺术、宗教的精神性，来自人的肉体生命之外，源于自我意识之外的超我承受普遍精神（或神圣精神——圣灵）的在下承诺。而且，"上帝就是圣灵"，[36]"是精神性的存在"。[37]唯有精神性的上帝本身，才是形上、艺术、宗教的精神性的承诺者和给与者。上帝通过圣灵的位格，同形上、艺术、宗教相关联。这就是为什么在形上中有灵性之光的照耀学说、艺术中有灵感说、宗教中有灵启说的终极原因。

和文化心理一样，文化精神这种现象也有结构、动力、超越三方面。

文化精神结构

当人的生命理智运作于自然、社会、自我中，人就形成关于自然的概念知识结构、关于社会的人格道德结构、关于自我的超越直觉结构。在知识、道德、直觉三种结构中，最基本的元素为概念、人格、超越。只有基本元素的明晰，才能保证结构的稳定性。但是，这些基本元素，作为精神生命共在逻辑的组成部分，带有其共通的生成性特点。对于人类而言并没有永远不变的概念、人格、超越的结构，对于个人而言更没有供人利用的现成结构。结构的待定性意味着：任何关于自然的概念知识结构都是人的主观阐释，阐释者根据自己的创造性需要，给与旧有概念以新涵义或发明一个新概念取代旧的概念。科学的历史，根本上乃是概念的创生、扩展、替代的历史。科学的革命，最初起源于个别概念的革命；在人的共在性社会生活中，由于共在对象和共在主题的不同，共在者关于社会的人格道德结构也随之发生差异。一旦共在者对人格的涵义出现新的看法，他关于整个社会的道德结构的认识也会因此变化。在伦理上，没有谁的人格道德结构是唯一的。但是，在极权社会，

---

36 《约翰福音》4：24；《哥林多后书》3：17。

37 《约翰福音》4：24，Williams, *In The Language of The People*，Chicago，1963。

统治者总是希望把自己以及认同自己的人群的道德结构塑造为供人学习的"英雄"典范；同样，超越作为人生的基本元素，比起概念、人格来，更缺少稳定性的特质：一方面自我很容易受外部世界的影响，一方面自我内部又有沉沦于潜我的本性。个人随时随地都在根据不同的所见所闻作出选择。在自我中，无论作为基本元素的超越还是以生成性为结构的直觉，无不把人引向一种待定的开放存在状态。

精神结构的待定性

精神结构的待定性，迫使人需要精神样式。后者为前者给出指向。因为，由形上精神、艺术精神、宗教精神承诺的人生意义、人生形式和人生信仰，为中性的科学知识结构、伦理道德结构、审美直觉结构赋予了价值向度。科学知识的中性特质一般人容易理解。但是，为什么伦理道德、审美直觉也属于中性的呢？

当人的意识以他人为意识对象时，他意识到的是和自己共在的意识者，从中诞生的伦理道德结构即以个体生命的共在为内容。个体生命的共在，以其形式的存在为前提。所以，把形式的创造当作自己中心问题的艺术，为人生在社会中的独立客观地起着护守作用。至于审美超越的中性，则体现在它对个体生命从生存向存在的转换中。审美直觉，尽管只是个人的一种本真存在活动，但唯有以人生信仰的建立为价值指向时，它才不会堕落为自私的功利活动。信仰始终同所信仰的对象和共同信仰的信仰者——信仰共同体——相关。信仰对象提升着人生的超越，而信仰者把审美直觉主体和他人关联起来。

以上便是精神样式与精神结构的相关性。

人的主体化存在本源生成文化精神结构

另外，任何一种精神结构，乃是人的主体化存在本源——我的思、爱、为——的结果。的确，在关于社会的人格道德结构中，离不开人的理性之思。但是，这种结构的护守，取决于我对共在于社会中的他人的爱。同样，关于自我的超越直觉结构，就更是我为的活动产物。由此可见，结构并不一定必然是一个现成性的积淀物，它的待定性是由于我总是以思、爱、为的活动方式生成着它。

从接受角度看，个人对每种结构的回应，也是借思、爱、为而达成。概念知识结构、人格道德结构、超越直觉结构，和科学、伦理、美学三种学问形态相对应。在文化精神动力的作用下，这些学问形态的历史植入于个体生命的存在中，内化为个体生命的一部分，外显为人的知识眼界、审美修养。

文化精神动力

这种把个人引向他人的力量，促使我从内向性的意识生命体转化为向他性的精神生命体。社会并不是个别意识生命体的集合，而是他们的共在。它诞生于个别意识生命体的相互共在活动中。这种活动，包括个人作为意识生命的相互听说、读写。正是听说、读写的活动，把个人从向我的意识生命中解放出来归入向他的精神生命中。若没有这样的自由活动，个人的个别性将无从确立，社会作为种种共同体的集合就不复存在。在这个意义上，言论自由、发表自由成为培育社会的种种共同体的催化剂。

人的四种共在活动

听说、读写活动，和言语、语言、话语三种因素相关联。当言语、语言、话语彼此处于不同的向性关系时，相应生出言说、倾听、书写、阅读四种共在活动。所以，价值逻辑论在界说人生的共在活动前，必须对言语、语言、话语展开言说。

罗兰·巴尔特指出：语言为一种集体的契约性意义系统，一种需要表达的语言规约的系统化结构，一种社会习惯。"言语在本质上是一种个别性的选择行为和实现行为。"[38]它包含语言的纯粹个人部分（语音、规则用法和符号的偶然性结合）。语言涉及社会的、契约的因素，言语属于个人的选择。卡西尔将语言和神话纳入人类的普遍经验范畴，它们是人关于社会性的自然而非物理性的自然的经验。原始人在大自然的恶劣环境下生存，被迫组成社会性的力量共同战胜自己所处的大自然。人的联合，不但基于共同的目的，而且必须有语言这样的方式将自己的欲望、恐惧等心理活动传达给他人。所以，语言并不是诞生于单个人的意识生活中，而是在人离开自

---

38 罗兰·巴尔特：《符号学原理》，李幼蒸译，北京：生活·读书·新知三联书店，1988 年，第 117 页。

己的意识生命同时向他人而去的活动中生成的。正如巴赫金对语言的言说性理解：语言作为言说，总是对话性的、处境化的，其意义由对他人言说的人决定。[39]

从语言和言语的关系看，两者的差别也显而易见。对此，罗兰·巴尔特写道："从历史上说，言语现象总是先于语言结构现象的（是言语使语言结构演变的）；从发生学上说，语言结构是经由环绕着它的言语的学习而在个人身上形成的（人们并不教婴儿学语法和词汇这类大致相当于语言结构的东西）。总之，语言结构既是言语的产物，又是言语的工具。"[40]言语和语言的关系，内在地揭示出意识生命体与精神生命体、个人与他人的关系。语言尽管来自言语，但它是言语的共在体。语言的向他性、公用性、开放性、固执性，相对着言语的向我性、私用性、封闭性、流逝性。前者可以概括为语言的社会性，后者为言语的心理性。

言语的向我性、私用性、封闭性

言语为意识生命存在之言，语言为精神生命共在之言。言语的向我性，指言语作为我的言的同时，又向我的意识生命体积淀着。心理时间的内向性和心理价值逻辑以我体人格为意识生命的核心，都表明言语和我的存在相关。正因为言语只同个别的意识生命体相关，所以，它又有私用性。人类在共在活动中的误解，其原因在于个别共在者言语的私用性。私用性的言语，不但在共在活动中被人使用着，而且在个人的潜我意识中隐身着。个别存在者领悟把捉存在的独特方式，生成其封闭自足的言语系统。说到言语的封闭性，并非指言语不在个人的言说中，而是指言语只被个人言说和倾听（其极端形式为自言自语）、只被个人阅读和书写（其极端形式为记日记）。个体生命的消失，对留下言语性的文本将造成永恒的损害。言语因其私用性而很难被破译为语言，它随个体生命的有限时段的结束而流逝。这就是学者们很难破译古代贺兰山壁画的原因。

---

39 参见杨克勤："新约修辞鉴别学初探"，《燕京神学志》，2001 年，第 1 期，第 90 页。

40 罗兰·巴尔特：《符号学原理》，李幼蒸译，北京：生活·读书·新知三联书店，1988 年，第 118 页。

语言的向他性、公用性、开放性

恰恰由于言语的上述特性，才产生了社会性的语言。人要一生生活在其言语系统中，这不仅不可能，而且不现实，除非他已经成为一个严重的精神病患者。因对个人言，不存在纯粹没有语言成份的言语系统。语言的向他性，构成存在者转化为共在者的根据。语言是个别存在者在同他人的共在中生成的系统性言语（语言作为人类的言语，在同动物的差别意义上只属于人类）。语言不但把个人当作他人，而且将他人当作我生命的一部分来接受。凡是语言的使用，都是公用的。个别存在者享有对言语的私有权。但是，语言却为人类所共有。况且，语言在个人的社会性活动中不断被言语生成着、改造着，所以，它是开放的系统。一旦个别的言语为他人所接受，它便成为语言的一部分；一旦个别言语语言化，它在一定时段内将保持不变的特质。同时，语言又努力期待言语向自己流逝，构成扩大自身所寄居的系统。

把言语和语言相关起来的因素是话语。话语出现在言语与语言的相互遭遇中。话语的呈现，必须从言语与语言的相互关联中来理解。没有言语与语言的彼此碰撞，或单独仅有言语、语言，话语便无从生起。

话语的一般特点

保罗·利科认为，话语的所有特征，无不是以悖论的、明显对立的形式出现。首先，"所有话语被生产为一个事件；它是那被理解为语码或系统的语言的对应物。话语作为事件，带着一种流逝的存在：它呈现又消失"。其次，"句子形态的话语，主要隐含在意义与指称中。换言之，在一方为句子整体与构成它的语词所言说的和他方为被言说的某物之间，话语隐含区分两者的可能性"。再次，"被言说的主体为何是一回事；在言说中我对主体'行'什么是另一回事。因此，话语的两极还包括非语内表现行为（言说的行为）与语内表现行为（在言说中我所行的）"。最后，"话语不只是一种而是两种指称：它与一种超语言学的现实相关、与此世或一个世界相关；它借助特殊的程序同等地指涉它自己的言说者。这种程序，仅在句子中因而在话语中——人称代词、动词时态、指示词等——起作用。语言以这样的方式，既是一种对现实的指称，又是一种自我指称"。[41]保罗·利科身处符号

---

41 Paul Ricoeur, *Hermeneutics and the Human Science*, Edited and translated by John B.Thompson, New York, 1981, pp.167-168.

语系的文化背景，他关于话语的一般特征的言说，更多是将话语作为符号语言的对应物来理解。甚至，他所说的符号语言，还是科学性的，由此关涉到能指与所指的对应问题。

作为事件的话语，只有从语言与言语、言说与倾听、书写与阅读三者之间的关系中得到解明。

话语与语言

话语同语言系统或语言规范相对应，是"语言事件或语言的使用"。[42] 保罗·利科在话语与语言的比较中继续得出如下结论：话语总是实现于瞬时的现在中，语言系统是在事实上生效的、在时间之外的东西。语言没有谁在言说之类的主体，话语关涉言说者。"语言符号仅关涉到同一体系内的其他符号，因此，语言缺乏一个世界正如它没有瞬时性和主体性一样；话语总同某物相关。它关涉到它要描述、要表达、要再现的世界。正是在话语中，语言的符号功能得以实现。""语言只是交流的条件。为了交流，语言提供语码；相反，恰好是在话语中，所有的讯息得以交换。在此意义上，唯独话语不但有一个世界，而且有另一个世界，有另一个人、一个在交谈话语的对话者。"[43] 话语呼唤着同时也见证着他者的在场。

的确，话语是言说者在时间中关于某物的言谈，纵然言说者常常以语言的而非言语的方式来言谈。不过，如此理解话语，还仅仅是把话语纳入言说倾听活动中。事实上，在书写阅读活动中，也有话语的在场。

话语与言语

言说者的言谈，除了是语言的应用过程外，还是言语涌现的过程。在言说者的言谈中，最有价值的部分乃是从言说者涌现出的言语而非语言。倾听者更想倾听的，是言说者的私人性言语。如果将话语理解为应用语言的事件，那么，话语还是带出言语的事件。语言的现成性品质，决定了它总是被利用着而非被创造着；相反，言语具有生成性的规定性。在话语未发生前，从来不存在什么现成的言语。人们在谈话中遇到的妙语，就是因其置身于话语场而涌现的言语，同时演变为在场者的话语。

---

42 Paul Ricoeur, *Hermeneutics and the Human Science*, Edited and translated by John B.Thompson, New York, 1981, p.198.

43 Ibid., p.198.

顺着保罗·利科关于语言与话语的比较思路，价值逻辑论从以下几方面展示话语与言语的差别：言语比话语更富瞬时性，因为话语至少在对话结束前依然飘荡于在场者心中，言语在言说行为结束后即消失；言语和个别的主体——言说者相关，话语同所有在场的主体相关；言语所关涉的对象生成着话语的对象；言语是在对话中由个别主体说出的那部分，话语是由在场的主体相互回应言语所生发出的那部分。

在差别的意义上，话语是言语与语言的集合；在同一的意义上，它是两者相遇的生成物。但是，话语、言语、语言在本源论上，离不开人的言说与倾听、书写与阅读的活动。

场景

话语隐身于话语场（或称场景）。场景由言说者的言说、倾听者的倾听、言说者与倾听者在言语与语言中的相互往来——对话——及由此生成的话语构成。因此，场景并不是一个现成的等待着人进入的空间场所，而是由在场者彼此参与共在的建构的产物。用通俗的话说，场景乃是一种谈话的精神氛围。麦奎利称此为"话语情境"（discourse situation）。"倘若用一个图表来解析的话，作为一种体系的语言就是一个三角形的中心，言说主体、倾听者（或读者）和谈话内容为这个三角形的顶点。整个语言情境，就是一个使意义澄明的语词事件。因此，任何关于文本或言语的意义的探讨，都必须要考虑这整个具有三价结构的语言情境。"[44]

言说者不可能尽是言语的言说。在进入场景之前，言说者往往从对语言的言说开始。因为语言有其公用性的特质。至少，语言能够迅速把在场者纳入一种特殊的场景中。倾听者在倾听了言说者的语言后，在自己的意识生命里发生共鸣，并激起改换自己角色的欲望——从倾听者变为言说者。当在场者既是言说者又是倾听者时，场景、话题便形成了。这就是真正的讨论会之意涵。事实上，言说者才真正从此开始自己的言语性的言说，相反，倾听者也由此着手自己的言语性的倾听。

避开言说倾听的语言阶段而直接进入其言语阶段，这样对话的效果，取决于在场者的共在程度。要是本来就有较为深入的共在基础，那么，一个人即便中途进入场景，他也能很快从倾听者变为言说者从而跃升为共在者。

---

44 See Edward Schillebeeckx, *The Understanding of Faith Interpretation and Criticism*, London: Sheed and Ward, 1981, pp.27-28.

言说

在纯粹的意义上，言说是言说者在语音中从言语走向语言的活动。言说者说出的言语，一旦离开他的口就成为在场者公用的语言。"除了那些元语言（对陈述的陈述）之外，言语总是会超越自身、指向语言以外的某些元素。这些元素共同决定着语言的用法。"[45]这种语言，乃是场景消失后社会语言体系产生的源泉。但是，言说者在实际的言说活动中，并不可能也不应该句句都是从言语到言语的发声。否则，倾听者便没有倾听的可能性。相反，假如言说者的言说无任何言语成份，倾听者也将离弃自己参与场景的意向。最好的言说，是言说者在语言中言说自己的言语、在言语中丰富共在者的语言。

倾听

倾听者在语音中从语言走向言语的共在活动，这个定义是从纯粹的意义上而言的。倾听者听到言说者在言说后形成的语言或话语，他又是以自己固有的言语系统在倾听。倾听者要求言说者复述的时候，一方面标志着言说者已从语言的使用进入言语的使用，另一方面意指倾听者开始了倾听。当然，倾听者所倾听到的，不只是言说者的语言，他必然要求言说者说出自己的言语。但是，他又无法完全认同言说者的言语，于是，对话活动便开始了。

那往来奔忙于言说者与倾听者（他们都为在场的共在者）之间的，是语言中的话语。语音含盖话语，它包括在场的共在者发出的全部声音。话语仅限于其中相遇的那部分。话语既不偏向于言说者，又不偏向于倾听者，它在场景中相对于在场的共在者。话语的这种相对性——相对每个共在者而去的特性，是对话的前提。谁要是垄断了话语，他即独断地言说或者拒斥倾听他人，对话便成为宣讲或训话。话语还有一个特点，就是它的有限性。话语不消失，便向语言转化。话语的产生，受到场景的限制。一段生动可笑的对话在复述时的单调乏味，其原因在于那促成生动可笑的话语场景不复存在了。这样，话语的价值呈现在场景中，呈现在倾听者与言说者的言语的相聚中。这种相聚即对话。

---

45 Edward Schillebeeckx, *The Understanding of Faith Interpretation and Criticism*, London: Sheed and Ward, 1981, p.28.

对话

　　对话中有言说者与倾听者的在场，有言说与倾听两种活动的发生，有话语往来于在场的共在者之间。对话，意味着个体生命在话语中往来、相遇。前来相遇的共在者，在场景中既是言说者，又是倾听者。话语的专制者，不但不同他人共在，而且始终强调自己作为言说者的绝对性。这样的对话即训话。训话的人，断定唯有自己是光明中的觉者，是他人的导师，其余的人都在迷雾中，他拒绝倾听他人的言说，甚至取消他人的言说权利。由于没有和倾听者的相互往来，训话者不是把自己当作绝对存在者就是以假话、大话、空话、套话去教训他的倾听者。他相信自己的言说者身份的永恒性和唯一性。

　　对话和言说倾听两种活动的区别在于：它是言语与语言之间在话语中双向的而非单向的活动。言说者在言说中的言语的语言化、倾听者在倾听中的语言的言语化，给与对话活动以创造性。相反，若对话中只有从语言到语言的过渡，对话就沦为技术性的传达活动。共在者在这样的对话中，得到的是信息和常识。真正的对话，常常伴随追问与理解的活动之发生。它受制于共在者意识生命的深度及广度。共在者之间言语和语言的往来，在根本上取决于人作为精神生命体之前的意识生命的丰富性。当意识生命体意识的内容越广并形成了自己独特的意识体系时，对话的创造性就越强。这样的对话，往往发生在哲学家之间。

　　话语的相对性、有限性，决定了共在者全体对文本的需要。再有价值的话语，只相对在场的人而存在。唯有文本才将有限的共在者团契为同在者全体。这样，在言说与倾听两种共在活动之外，人还得有书写与阅读两种共在活动。借着书写与阅读，精神生命体进而向历史中的文化生命体跃升。

书写

　　保罗·利科从作者与文本的相关性来阐明书写这种人的共在活动。他说：书写作为话语事件的固化，使之免遭毁灭。"首先，在作者意向方面，书写给与自治。文本所指的，不再和作者意指的一致；从此以往，文本意义和心理意义具有不同的命运。"[46]书写所留下的文本，将话语从作者的意识生命体

---

46 Paul Ricoeur, *Hermeneutics and the Human Science*, Edited and translated by John B.Thompson, New York, 1981, p.139.

中解放出来，使作者从心理的存在超越为精神的、文化的共在。

其实，作者和书写本不是分离的。作者只有在书写着或者书写活动同作者同在之时，人才构成作者。同样，书写也离不开文本，没有不留下文本的书写活动。当然，作者、书写活动、文本三因素，在相互关联中相互差别。

书写这种把作者的言语语言化的共在活动，本身就是一种创造性的活动，书写活动的创造性的标志，在于其间是否内含言语成份，在于其书写结果所内含的那些使读者不时感觉费解的内容。尽管书写不能完全以言语的方式展开，但其中对语言的应用旨在带出作者的言语世界———一个由作者作为形上家的原初观念、或作为艺术家的原初形式、或作为宗教徒的原初信仰所构成的世界。相反，若书写沦为语言的语言化活动，书写就降格为抄写。抄写者将语言的在场空间加以置换，留下可以继续供人抄写的复本。所以，抄写属于人的一种技术性活动。而今大学的一些教材，其实就是这种抄写的产物，因而在根本上将削弱学生们的创造力。因为，学生们所接受的，只是耳熟能详的语言，无需追问、追思。

是否有言语成份内含其中，构成书写与抄写的根本差别。

书写这种人从共在超越为同在的言语语言化的活动，它不仅把人引离虚无地平线使其奔向人类地平线，而且让个体的意识生命从精神生命向文化生命转化。书写所创造的文本，一方面是作者存在的见证，另一方面是作者作为历史中的同在者一员的见证。因着书写活动，个人不再因其意识生命的消失而消失，正好相反，个人被历史中的他人留住，留住在他人的阅读、记忆中。"语言结构与风格都是盲目的力量；写作则是一种历史性的协同行为。语言结构与风格都是对象；写作则是一种功能；……它是束缚于人的意图中的形式，从而也是与历史的重大危机联系在一起的形式。"[47]历史在书写中接纳了作者，将作者接纳为人类中的一员。

通过书写或写作，历史回收了人对意义的追寻。"写作是一种回收行为，无论愉快的经验还是相反的情绪，当夜晚来临一个人敲打键盘，写作是一种回收，像一个小店主掌灯盘点他一天的收入。幸亏写作，虚无有了一个别的名字，流逝有了一个别的名称。与'历史的进程'不同，与社会的发展不同，与

---

47 罗兰·巴尔特：《符号学原理》，李幼蒸译，北京：生活·读书·新知三联书店，1988年，第70页。

生活的无聊也不同，意义的微观过程是写作的回收举动所悄然启动的。"[48]表面上，虽然是作者在自我回收，或回收自己的生命理智之思、生命情感之爱、生命意志之为，但实际上，作者只是在代表历史中的某种文化生命在回收。正是历史的这种回收行为，把真正的书写与日常书写区别开来。

日常书写，更多地属于抄写范畴。抄写者为自己的肉体生命的生存延续而抄写着公用性的语言。抄写的效应，实现在抄写活动终结的地方，最多实现在抄写者的肉体生命结束的时候。书写活动呈现出的言语，源于作者意识生命的意识。这种意识，和作者作为人的我体人格相关。它在同他人的对话中流露出来，又固化在文本中成为个体生命人类化的见证。意识在向他人显现中生成为精神，精神在向同在者全体的张扬中生成为文化。和日常书写（抄写）相对应的是文化的书写。

文化书写与个人的肉体生命的生存延续无关。它只为人的意识、精神本身而书写。其效应与人类历史的发展相关联。作者依从自己的良知的引导，在语言中创造自己的言语空间。他根据自己在语言中所占有的言语空间，在人类历史中获得自己的存在空间。个人只有在书写活动中，他的个别性的意识生命才向整体性的文化生命生成着。所谓灵魂的不朽，就是由于灵魂在书写活动中对象化到文本世界里相对人类历史而不朽。

书写的相对性，指书写面对着人类中的同在者全体而书写。在此意义上，书写本是一种历史性活动。它把人从个体生命引向人类生命；相反，对话是人作为个体生命和有限的人类生命的相遇。不过，书写的价值尽管是无限的，但书写本身不是无限的。没有不可超越的书写，因而没有不可超越的文本。况且，书写活动受到人的心理时间的限制。这就决定了人类对另一种共在活动的需要。

阅读

要在个体生命与人类生命建立必然的相关性，仅仅有书写还不够，人必须阅读，在阅读中将他人的心理世界转化为自己的意识生命体。所以，阅读的深层目的，并不像保罗·利科认为的那样，只是将一种新话语加入到文本的话语中去，而是使文本的话语融汇入读者自己的意识生命中。保罗·利科所说的阅读目的，唯有对那些致力于再书写的作者而生效。

---

48 耿占春：《书的挽歌与阅读礼赞》，北京：北京大学出版社，2012年，第278页。

作者在书写活动结束后，由书写留下的文本就成为一个期待读者进入的开放的语言世界。阅读这种把人类生命的语言言语化为个体生命的创造性活动，必须有个体生命的言语的承纳。这里所说的人类生命的语言，指人类共同拥有的由作者创造的文本。人类中的任何一个成员，都分享着个别作者创造的文本。

个体生命以言语去理解作者的文本。要是读者的阅读活动只是吸收文本的语言，这样的阅读就成为记忆。读者记忆的，不再是文本而是文本的复本，并因将自己的个体生命从属于文本而沦为作者的奴隶。文本带着作者语言化的言语走向读者，读者以其内在的心理言语迎接文本。心理言语融汇文本语言的程度，取决于它所寄身的意识生命体意识的广度及深度。读者的视野，限定了文本的开放程度。阅读活动，是文本离开作者走向读者又丰富读者的过程。在这种活动中，读者的意识生命、精神生命、文化生命得以重塑。

阅读的相对性，指阅读总是在文本与读者之间展开，正如书写实现于作者与文本之间。读者的文化心理世界，吸纳着同在者的文化精神世界。人若不阅读，他至多只是一个在社会中和他人共在的共在者，而非在历史中和他人同在的同在者。人若不在阅读中思考，他也很容易随波逐流，趋炎附势。阅读将人类生命内化为读者的意识生命的一部分。个别的阅读活动，无论怎样也摆脱不掉文本和读者的限制。文本与读者，限定了阅读活动开起的深度和广度。

书写留住文本，也创造了作者；阅读是对文本的吸纳，同样改变了读者。不仅言说与倾听两种活动使个体生命的成长获得了源泉，而且书写与阅读两种活动，使个体生命和人类相关联。作者的标志是书写，他不是人的一种现成性的存在状态；同样，读者活在他的阅读活动中。作家无非是那些以写作为存在方式的人。

个人在书写中逃离自己封闭的意识向全人类开放，他通过阅读打破了自己同人类的界限。当然，个人的阅读活动的最后目的，是为了生起自己独特的意识生命体。个人书写的，也应该是作者的意识生命体，以及他自己的意识生命与他人的意识生命的相遇，进而生成承载着新的精神生命与文化生命的文本。

在书写和阅读之间、在作者与读者之间，共同陈设着文本。

文本是作者和读者相遇的场所。作为读写活动的结果，文本内含作者、读者预料不及的内涵。在此意义上，文本是人类存在的自治踪迹。

书写行为区别于其他行为：它创造能够被阅读的文本，它记录了作者的行为方式、行为结构。行为对个体生命的重要性，决定了行为是否被书写的可能性。只有那些对人类成长有价值的行为，也包括那些对人类具有反面的、否定的、失败的价值的行为，才被人类历史铭记，因而被作者书写。人类的文本史，是人类价值自我认定的历史。每个时代留下的不同文本，可能内含当时人类最为关怀的价值主题。

按照差别性直观的方法，我们可以说重建文本的意义，是因为文本乃是一个自主的意义空间。这种意义不再受作者意向的激活。文本的自治，将作者的书写交与读者作出唯一的解释。其次，"文本不但是被书写的东西而且是一件作品，一个单一的整体。作为一个整体，文学作品不能还原为系列句子。这些句子就其个别言是合理的；毋宁说，文学作品是一个主题与目的的构造物。该构造物能被几种方式构成。"[49]这里，保罗·利科主要是从书写、作者和文本的相关性方面来看文本的自主性。即使如此，文本也必须从其读者、阅读方面来理解。

文本间性

这构成文本的内在规定性。文本间于作者与读者、书写与阅读、言语与语言之间。离开这三对关系，我们便无从把握文本。在终极意义上，从来不存在什么绝对自治的文本。书写把话语固化为文本。但是，话语的生命并未葬送在文本里。相反，话语栖居在文本中，潜在地期待着读者的阅读。这样的"读者"，在叙述批评中也称为"隐匿的读者"（the implied reader）。话语在阅读中进入读者的意识生命，同读者的言语世界一起生成读者的个别性。

反其观之，文本分隔作者与读者的直接相遇，使作者在书写中、读者在阅读中保持自己的内在性。文本成全作者与读者交通的同时，也将两者绝对分隔。当人以作者身份发言时，他必须针对自己的作品发言；当人以读者身份回应作者时，他得面对作者的文本。由于文本介于作者与读者之间，所以，"读写关系不是言说——回答关系的特例。它不是一种问答关系，不是对话的一个范例。称阅读为读者通过其作品与作者的对话，这还不够。因为，读者与书本的关系，完全是另一种不同性质的关系。对话是一种问与答的交流；

---

49 Paul Ricoeur, *Hermeneutics and the Human Science*, Edited and translated by John B.Thompson, New York , 1981 pp.174-175.

在作者和读者之间，不存在这种交流。作者并不回应读者。相反，书本把书写行为和阅读行为分隔为二，其间没有交通。读者在书写行为中不在场；作者在阅读行为中不在场。因此，文本产生读者与作者的双重缺失。"[50]这种缺失的根源，就在于文本的间性。

不过，和作者与读者因文本间性而相互缺失相比，书写与阅读在其现实化的过程中更多地是在相互交替中展开的。但是，书写与阅读的主体，为同一个作者或读者。

文本间性，还体现在文本是言语与语言的混居这一规定性上。没有只是由语言或言语构成的文本。一个文本，要么作为言语性的语言文本，要么作为语言性的言语文本。言语性的语言文本，指在语言的言说中主要以作者的个人言语（如个人的概念、观点等）书写成的文本。这种文本的读者对象为专业读者；语言性的言语文本，主要选择公用性的语言为书写文本的工具，普通读者阅读这种文本。当一个时代只生产语言性的所谓言语文本时，它就是一个没有创造力的时代。

言语与语言在文本中的混居，和两者在对话中的呈现不同。在言说者与倾听者共在的场景对话里，言语与语言都以语音的方式在场；在由语境构成的文本里，它们以语形的方式在场。语音的差别，决定了场景对话的创造性价值；语形的差别，给与语境文本以创造性价值。

个人化文本与社会化文本

根据言语与语言在文本中的占有度，我们可以将言语性的语言文本称作个人化文本，将语言性的言语文本称为社会化文本。前者以作者个人的言语、独创的思想写成，虽然最有价值，但是难以被读者阅读，天才的作品就属于此种；后者以社会认同的语言、观念来书写，虽然最无价值，但是最易被读者阅读。这种文本，要么展开他人的意识生命，要么复述自己的意识生命。可见，文本的价值，仅仅在于作者为读者是否承诺了创造性言语和创造性的承诺方式。不过，这种关于文本的类别观念，同样出现在单个文本中。所谓大众文化时代，就是社会化文本滥觞、个人化文本隐退的时代，是社会化文本取代个人化文本的时代。

---

50 Paul Ricoeur, *Hermeneutics and the Human Science*, Edited and translated by John B.Thompson, New York , 1981 pp.146-147.

理想化的文本呈现方式

文本根据其理想的呈现方式，包括科学、形上、伦理、艺术、审美、宗教六种。我们用"理想的"来限定这六种文本，因为在文化世界中基本上不存在纯粹差异的文本样态。

在狄尔泰看来，人们对待文本有说明和解释两种态度。说明，指实证学派从自然科学借用合理性的范式应用于历史学科的研究。解释为理解的延伸形式，狄尔泰称之为人文科学的基本态度，并构成它们与自然科学的基本差别。[51]狄尔泰置身于理性文化的传统，他所说的两种态度源于人们对理性文化——科学与形上——的把握。其实，在科学、形上两种文本中，只是因其同生命理智的关系才有所谓的说明、解释现象。换言之，说明与解释，对以生命情感为书写对象的艺术、伦理和对以生命意志为书写对象的审美、宗教之类的文本，将是无效的。因为，生命情感留住于感性文化的文本中，它拒斥生命理智的前景置入；生命意志对象化在意性文化的文本中，它要求接受者投入自己的生命意志去体验。

科学以自然为对象，关于自然的说明在终极意义上只存在一种前后一贯的体系。在对科学的概念、命题、定理、原理进行说明的时候，科学家追求唯一的描述结论。在对形上文本加以解释的时候，因形上对象——彼岸化的生命理智——的开放性，决定了解释者的多样性结论。不过，在解释形上文本的过程中，只有更富思想性的解释，而不存在正确与错误的解释，因为，解释者无非是通过解释行为本身对自己的意识生命加以解释，进行一种自我理解。自我解释的尺度，在于是否有自我而非是否正确与错误。

艺术、伦理的语言的象征性，决定了人们对待这两种文本的理解态度。在严格意义上，以理解的方式接受艺术、伦理的文本，还是出于理性文化的神化观念，即人的生命理智在心理意识中处于绝对地位。艺术、伦理的文本，保存着人的生命情感的连续流动。作为文本的艺术、伦理作品，其本身内含人的情感世界，或为情感形式，或为情感人格。因此，对这两种文本的理解，旨在唤起理解者本身的理想化生命情感状态。人的情感流走多变，所以，对艺术、伦理的作品的理解可能性乃是无限的。理解者若使自己的生命情感与

---

51 Paul Ricoeur, *Hermeneutics and the Human Science*, Edited and translated by John B.Thompson, New York , 1981, p.145.

文本的生命情感相遇，他说爱这样的艺术品或伦理作品，但不能以生命理智之思断言这两种文本是否正确。

审美的和宗教的文本，同个体生命意志的体验相关。对体验者外的人，他们或许会对审美直觉与宗教顿悟两种现象产生神秘感。不过，他们无权以生命理智之思裁判处于审美状态和宗教状态中的人。何况，神秘感的来源，一方面是的确存在一个高于人的上帝，另一方面乃是人的生命理智的有限性的暴露。因为，在生命意志前景开出的地方，人的生命理智只有后景置入于意识生命体中。审美、宗教两种文本，恰好以生命意志的前景开出为对象。

尽管不同的文本要求不同的接受方式，但文本间性承诺了文本的价值。其中，作者与读者的生命存在境界，外在地将文本的价值呈现出来。高层次的读者通过对低层次的文本的批判提高文本的价值，低层次的读者因对高层次的文本的庸俗化理解而降低文本的价值。总之，任何读者对文本的理解，都只是一种猜测，一种对文本意义的向外拓展。文本这个自在的作品，向它的读者开启的是读者个人的主观可能世界。

在以语言为方式的游戏行为中，有以文本为结构、以作者的书写和读者的阅读为动力的游戏序列；此外是以对话为结构、以言说者的言说、倾听者的倾听为动力的游戏序列。在两个序列中，话语以不同的方式呈现。

文本中的话语

文本作为语音话语的固化形式，即使内含语音之间的差别，但语音话语已过渡为语形话语。语形间的差别，在根本上给出文本的意义。就整体而言，在语音与语形、对话与文本之间，还暗示出符号语言与象征语言的不同。实际上，符号语言在文本中是以语形的差别实现语音的差别，象征语言在对话中是以语音的差别实现语形的差别。在发生学上，符号语言以拼音文字出现的原因在于它以语音差别召唤意义，象征语言则以象形文字的语形差别展开意象。个体生命这个意义召唤者，在说明自然的活动中又打开了人丰富的心灵观念世界；相反，那展开意象的人，却离不了对自然之形的描绘与对自然之形的依赖。个人这个描绘者，并不因为自己的描绘行为而出场。

另一方面，文本中的话语，并不固守语形本身。读者在阅读活动中激活的那一部分联想言语，同样属于文本话语的范围。在此意义上，读者在阅读文本的行为中和作者处于疏隔的关系。话语呈现在文本的语境空白里，而不是如同言说者与倾听者那样的在读者与作者的直接往来中。

语境

在场景对话里，言说者和倾听者同时在场，任何一方的去场，都会导致语音话语结构的转换或改变。相反，在文本语境里，作者或读者必须单方在场，任何一方的进入将迫使另一方的去场。在文本面前，作者和读者只能在历时性上而不是在共时性上共在。要么是作者书写着文本，要么是读者阅读着文本，根本不可能有绝对自在的文本。另一方面，在动态的意义上，场景化或语境化也就是意义交流的过程，它包含如下的因素："具体的物质环境、对话所讨论的问题、言说者的意图（心理处境）、参与者的进程（社会处境）、行为规范和行为准则、语言符号、修辞技法、信息和文本所采取的形式等。"[52]

对话以听说为共在方式，文本以读写为共在方式。共在者共同在对话、文本中在场，一方对于另一方而言都是他者。人作为精神生命体与他人共在，离不开言说、倾听、书写、阅读四种存在活动方式。个体生命若在共在中不丧失自己的存在性，他就必须在场景对话中既是言说者又是倾听者，在语境文本面前既是书写者又是阅读者。任何人要是只有单一的共在方式，那么，其共在性的基础存在性将被自己的选择所剥夺。因为，存在者如果只以言说者或倾听者、书写者或阅读者的方式同其他存在者共在，那么，共在的一方必然自动离场，于是，另一方共在者沦为绝对的存在者（个别的极权统治者的根源）。在终极的意义上，这根源于个别存在者的伪神化原则。个别存在者代替绝对存在者，甚至伪装为绝对存在本身，不仅是反逻辑的，而且是不可能的。存在者只有以个别的、相对的方式在社会中同他人共在，他才是存在着的存在者。

文化精神动力的注定性

这正好表达出作为意识生命的存在者的共在境遇。一种境遇的东西，乃是相伴存在者而发生着。虽然以主体生存力、个体共在力、我体同在力为内容的文化心理动力区别于以听说、读写为内容的文化精神动力，但两者都带

---

52 杨克勤："新约修辞鉴别学初探"，《燕京神学志》，2001 年，第 1 期，第 93 页。

有动力的注定性的规定性。存在者注定在同他人的共在里，换言之，存在者生来就是与他人共在的精神生命体。他向他人言说或书写，也倾听或阅读他人。存在者离开自己的意识生命向他人而去，获得的是作为精神生命体的共在者身份。如何从社会价值逻辑为人画像呢？即人是在和他人共在的存在者，他言说自己的意识生命又倾听他人的意识生命，他书写自己的精神生命又阅读他人的精神生命。而且，听、说的共在方式带有社会性，读、写的共在方式以历史性为自己的规定性。对话中的共在要求共在者必须现时地在场，文本中的共在要求共在者单方面在历史中出场。

文化精神超越

言语和语言为存在者的中介，听说读写为存在者的实践，对话和文本为存在者的踪迹，话语为存在者的可能空间。只要存在者参与听说读写的实践，他就已经超越了自己作为意识生命体的存在而呈现为一种精神生命体。

精神超越与心理超越的相关性，在于两者都内含动力、结构各自内部的超越关系和它们间的外部超越关系。不过，精神超越毕竟不是心理超越。

精神超越，在人的在场方式上是共在对存在的超越，在人的在场身份上为共在者对存在者的超越，在人的场所为精神生命对意识生命的超越；相应地，心理超越乃是存在对生存、存在者对生存者、意识生命对肉体生命的超越。换言之，心理超越发生于个人的意识生命体内部，精神超越却以听说读写活动向他人显现于精神生命体中。心理时间的向我性，使心理超越的价值指向意识生命体中我体人格的形成；社会时间的向他性，承诺精神超越的价值，指向精神生命体——一个向他人显现又同他人共在的意识生命体——的造就。个人和他人的共在，构成精神超越的最终目的。仅仅关怀个人的存在者身份，乃是心理超越的内在要求。事实上，心理超越更多地带有审美超越的特质。

文化精神动力的内部超越

精神超越还有一个内在的规定性，这就是整体性超越。在精神生命中，无论精神动力、精神结构的内部还是两者间的外部的超越，都以整体性超越为特质。个别超越因素一旦发生，其他的超越因素也同时发生。个别超越因素以整体的方式达成文化精神超越的实践，它要是出现于超越现象中，其他的因素也随之出现。例如，在精神动力的内部超越中，言语的语言化（语言对言语的超越）同时导致言说书写化、倾听阅读化、对话文本化和场景语境化。同样，在精神动力和精神结构的外部超越关系中，动力的因素以整体的方式出现在对精神结构的有限性的被超越中。而且，精神结构中的任何一种因素，也不再独立出现于历史中。精神生命体从意识生命体中超越出来，乃是人实现整体性超越的结果。

超越者超越被超越者，是因为被超越者的有限性。语言对言语的超越，基于同样的原因。在人的听说读写活动中，无不内含言语的成份。言语的生命力，在历史的意义上取决于它的语言化，取决于它能否被广泛接受；在实践的意义上受到书写活动的限制。言语一旦被言说，它的未来就面临两种可能性：一是过渡为语言保存在文本中，一是消失于虚无。为了脱离后一种命运，言语借助书写对言说的超越，生成为语言体系、生成为文本。人类文化中凡是有价值的东西，多是由个别存在者的言语的记录构成。它们最初出现的时候，面临被质疑、被拒绝的可能性，但当其进入历史或具体的学科史中而成为语言的一部分留存下来。同样，这些个别性的言语，对习惯于语言体系的同时代人或对人类文化缺乏基本教养的人则难以理解。

言语语言化

这往往展开在历史中。随着历史的前移，在一个时代不能语言化的言语因他人的接受而在下一个时代语言化为公用性的语言。由于个别存在者的言语可能为公用性的语言的一部分，这样的存在者拥有的理想人生形象也可能为共在者的遗产。

按照整体性超越的特质，言语语言化并不可能作为个别的超越行为得以实现。它和书写对言说的超越同时发生。言语为言说者意识生命的言说，它在言说中敞明自身。若它一味地被言说而不被书写，它就会最终消失于在场者的模糊记忆中，消失于虚无中。当然，个别的格言式的警句也可能代代相传。所以，言语的语言化，只是言说书写化在语言学层面的对应形式。不过，前者是从一种生成性意义实体向另一种生成性实体的转换，后者是从一种共在活动向另一种的转换。

言说书写化

书写对言说的超越，打破了言说的时间有限性，给与被言说的言语以无限的时间性。同样，那只相对在场者的言语由于被书写而成为历史中的同在者全体的语言。言说中的言语是有限共在者的言语，书写中的言语是无限同在者的言语。书写扩展了言说与言语的时间性，使其更可能存留在接受者的时间绵延中。言语借助书写走向历史中的同在者全体。

言语在言说中被倾听，语言化的言语在书写后被阅读。若书写化的言语未被阅读，那么，那它还是一种纯粹个人性的言说。相反，书写期待阅读，如言说期待倾听。

倾听是倾听者对言说者的倾听，倾听者和言说者同时在场。阅读是对文本中的作者言语和共在者语言的阅读。阅读迫使文本的作者及与读者共在着的共在者去场，否则，阅读将和文本疏隔，即读者置身于文本外。

阅读对倾听的超越

阅读为有限的倾听行为在对象上给出更为广阔的空间，它使不在场的、历史中的同在者在场于言说者的言说，并让他们分享言说者因书写而留住的言语。因此，阅读是一种历时性的倾听，倾听是一种共时性的阅读。阅读使人能够倾听历史中的同在者之言，读者因此生成为同在者全体的一部分。

对话里有言说者的言说、倾听者的倾听和往来于其间的话语，但不能说文本里内含作者的书写、读者的阅读。因为，文本作为书写的固化已经结束了书写行为。而且，虽然文本期待被阅读，但在阅读中的文本已被读者加上了话语的成份。读者在阅读中的文本，不再是作者书写的文本。读者在阅读中书写着文本，或者说文本在被阅读中自我生长。这就是接受美学的文本观。

对话将言说者与倾听者纳入同时性的相对有限时段中。这意味着对话行为的社会时间性。不存在超越时间的无限的对话活动。但是，当言语被书写为阅读性的、语言化的文本时，这样的文本性言语就不再受社会时间而是受历史时间的限制。对话活动展开在社会时间中，文本作为一种文化存在却在历史时间中。

文本超越对话

这实质上是精神生命对心理生命的活动性的终止。精神生命，不再以活动性意识而是选择静止性的文本为存在方式。原来在对话中相互往来的话语，凝固为不变的言语与语言的混合体，尽管在阅读中文本的话语还被生成着。

对话发生于言说者的言说、倾听者的倾听中，并与在场的共在者同时在场。文本在差别的意义上处于作者的书写与读者的阅读之间，它无需作者、读者同时在场，相反，文本迫使他们从语境中隐去。所以，对话具有社会性，文本以历史性为特点。不同时代的作者在文本中和不同时代的读者相遇。但是，言说者和倾听者必须同时相遇于场境。文本在同在者全体中聚集文本所限定的那些存在者，如艺术文本聚集的是历史上的艺术爱者。

语境超越场境

文本超越对话，带出语境对场景的超越。文本由文字与空白、文字间的关系构成语境。个别单字的意义取决于它所出现的语境，个别文本的意义受到文本所赖以存在的社会的、历史的语境的限定。尤其是文本在书写中所发生的文化事件，对文本中的话语空间的拓展起着关键作用。不过，场景主要和在场的言说者与倾听者相关，和他们的相互投入、相互理解离不开。一旦对话活动结束，场景便消失不可复制。同样，由于语境所诞生的背景的一次性，它也不可复制。

场景中的空白，即言说者与倾听者彼此沉默的瞬间。在空白出现于场景后，有时是对话主题的转换，有时是关于它的深入沉思，有时带来在场者去场。语境中的空白，一方面为文字的呈现给出空间，一方面期待读者话语的激活，和读者、作者的在场、去场无关。

历史时间对社会时间的超越

精神动力的内部超越，和社会价值逻辑被历史价值逻辑超越以及社会时间被历史时间超越相互依存。对话、场景、言说者的言说、倾听者的倾听、语音这些要素，和社会时间作为个别时间相的有限规定性相互寄身。它们发生在社会时间里。另一方面，文本、语境、作者的书写、读者的阅读、语形这些要素，则以历史时间为生成时段。人能够从社会中的共在者成为历史中的同在者，精神动力的内部超越为此涌出一种源泉。在人的共在活动中，书写对此起了根本性的转换作用。

文化精神结构的内部超越

这使其中的因素被纳入相关性的价值指向体系里。生命理智知觉自然世界给出它的现时图式，理性文化中科学外的形上则承诺科学以价值指向；以事实性的生命情感为对象的伦理学给出人类社会以现时图式，艺术这种感性文化的精神样式为之给出价值指向；审美本身只带来价值与事实的现时合一，宗教则为事实性的生命意志应许价值指向。此外，概念知识结构、人格道德结构、超越直觉结构三者之间，也存在内在的价值相关性。

我在对自然之思中生成为主体，被思的自然为客体。主客分离出现于我思中。但是，我思如果继续以分离的思维习惯实现于我爱的他人中，那么，我思必然使思者同被思的他人疏隔。因他人与我同为相对于上帝的同在者，因此，我与他人的疏隔实质上是我与我的同在性的疏隔，这样，我思在面对由他人和我构成的社会时，无益于我的同在性的生成。换言之，我思这种主体化存在本源在社会中转化为我爱。

同样，我对自然之思所生成的概念知识结构本身是中性的。这种中性的结构的价值依据，只有在我爱的人格道德结构的造就里才是非中性的。所以，概念知识结构在被人格道德结构的超越中获得价值规定性。

个体与整体（人与社会）的分离，乃是我思运作于共在者全体的结果。若在人的主体化存在本源中我选择我爱的方式进入共在者全体，作为个体的我就同整体的我合一了。

但是，超越者还必须是被超越者，人格道德结构还必须在被人的超越直觉结构的超越中获得价值指向。因为，人格道德结构的建立，是为了他人的现时存在。我爱这个主体如果一味献身于他人的共在，那么，我便无所可爱，我在爱他人中因丧失自身而丧失了爱的能力。我对自身之思，已差别于我对自然之思，我所思的和我在思的主体同一了，我体与自体不但不分离，而且不需要合一。它们本为一体。在主体化存在本源里，我思由我为代替。

历史价值逻辑对社会价值逻辑的超越

我在我的肉体生存里，植入我的精神生命的质素。我的肉身因超越直觉结构力的生成而不自觉地向精神生命的方向生成。精神生命体虽然在我的精神结构中还未脱离肉身，但当我的肉身终结于事实世界时，我将完全生起自己与纯粹的精神生命——圣灵——同在的身份。我从共在者过渡为同在者，不是与我生时的共在者全体同在，而是与我死后的、与我永生的同在者全体同在。历史价值逻辑就这样超越了社会价值逻辑。我作为存在者的意义，正是在于我越过共在者身份在历史中生成为同在者。我在精神生命体中拥有的超越直觉结构力，驱使我向纯粹的精神生命奔去。

精神动力对精神结构的外部超越

整体性超越，不但出现于精神动力、精神结构的内部超越中，而且是两者间的外部超越的规定性。相反，文化心理动力和文化心理结构却处于对应性的超越关系中：主体生存力与生命理智、个体共在力与生命情感、我体同在力与生命意志，分别形成对应性的超越关系。

精神动力中，人的听说读写四种共在活动整体性地解构着精神结构。只要人的共在活动中有言语的书写，精神结构中的诸因素将以整体的方式发生改变。言语与语言、语音与语形、对话与文本、场景与语境这些文化精神动力的因素同时涌向精神结构，在质疑固化的结构中丰富它的内涵。所以，精神结构，不是以积淀而是以接纳精神动力的解构为存在方式。当然，人的神化逻辑以精神结构的稳定为文化根基，会阻止精神动力越过意识生命体生成为精神生命体，即限制言语的书写阅读活动的发生，但从存在者投奔同在者全体——人类——的冲动，乃是人作为精神生命体的根源。

精神超越，是把人的精神结构与精神动力从不可能性发展为可能性、从可能性发展为现实性的力量。形上、艺术、宗教是人的精神超越活动的见证。人在存在中不可能体验死亡。但是，他能够体验死亡的变式——痛苦、孤独、空虚这些边缘处境。形上是对这种边缘处境的思，艺术展示它，宗教觉悟它。在此意义上，精神超越在人作为精神生命体的存在中起着不可替代的功用。

精神超越的不定性

这指超越同人的存在的内在相关性。只要人存在，他就需要精神超越，需要打破对边缘处境的沉默，在不可言说的地方言说出存在，在文字的尽头书写言语性的文字。另一方面，精神超越的不定性，还指超越现象的发生与人的存在的同时性。人作为精神生命体，总是在言说倾听自身的言语，总是在读写他人的语言。如此共在的行为，实质上是在生成人的存在性。这种存在性，把人引入同在者全体。该过程没有尽头，没有确定的标志。因此，作为超越方式的学问形态和精神样式对个体生命言，乃是有限的。任何个人在其中的探索在人类历史上都是个别的。同样，历史价值逻辑论也摆脱不了这种个别性。

精神超越的结果

无论精神动力和精神结构的内部超越还是两者间的外部超越，都指向人从精神生命体向文化生命体的更新。心理超越把人从意识生命体引向精神生命体；精神超越把人从精神生命体引向历史性的文化生命体。

文化精神在个人心理层面上带有意识生命体的向我性，在人类历史层面上又有文化生命体的人类性。文化精神的向我性，使个人所创造的精神世界仅仅从属于个人的存在——个体生命。这生命在有限的心理时间和社会时间中对其精神世界享有绝对所有权。反之，文化精神的人类性，使任何个别存在者创造的精神世界向同在者全体——人类——开放。于是，人从有限的个体生命进入历史的存在。在历史中，个体生命的心理意识消失了，同在者全体关怀的，是心理意识的历史性存在方式。个体生命若不实现向人类生命的转化，其文化心理即伴随肉体生命的死亡而沦为虚无。这样，人的存在因缺少精神的维度而同一于动物的生存。

肉体生命因心理超越而在意识生命中工具化，意识生命因精神超越而在精神生命中工具化，这最终达成文化心理在文化精神中的工具化。精神生命体打破意识生命体的封闭性，使文化心理世界不再是个体生命栖居的终极世界。

个体生命与人类生命

在心理价值逻辑中，意识生命体以我体生命为在场方式；在社会价值逻辑中，它出于精神超越的功用已转换为精神生命体，并以个体生命为在场方式。个体生命对应于人类生命，从我体生命中继承了文化心理的全部要素，通过精神超越和人类生命发生内在的关联。个体生命的承传性，使呈现于我体生命中的文化心理要素同样呈现于个体生命中，只是两者呈现的背景有所不同：文化心理要素呈现于我体生命中以意识为背景，它呈现于个体生命中以精神因而也是以人类中的同在者全体为背景。

由于个体生命和我体生命的内在相关性，我体生命中的心理动力不断超越心理结构形成个体生命的偏见即个人的文化心理世界，其静态描述为个人的理智结构、情感结构和意志结构。它也称作个体生命的文化偏见。

和个体生命相对应的人类生命，在终极意义上起源于对终极实在的精神承受。这种承受的结果，以形上精神、艺术精神、宗教精神在历史上的成立为标志。换言之，三种精神样式为终极实在的历史性在场方式。如果从个体生命与存在本身的承受关系看，三种精神样式为精神结构的动态描述。我们之前关于概念知识结构、人格道德结构、超越直觉结构的言说，主要是对精神结构的静态描述。精神动力不断超越精神结构，形成人类生命的文化传统。在终极意义上，文化传统即人类在文化精神上的偏见；相反，偏见则是个人在文化心理上的传统。精神结构的动态描述，意指形上精神、艺术精神、宗教精神对同在者全体——人类生命——的提升和对终极实在的承纳。这三种精神样式，把个体生命提升到人类生命的同时，使人类生命中的个体生命承纳着终极实在的神性。其场所为社会、历史。社会是存在者的精神生命体在精神中相遇的场所，历史是存在者的文化生命体在文化中相遇的场所。社会根植于个体生命的相遇，历史即人类生命——同在者全体——的合唱。个体生命介入人类生命的精神合唱，他就进入历史，进而生成为一个文化生命体。

精神超越对心理超越的超越，构成个体生命向人类生命转换的前提。在这种转换中，言说书写化、对话文本化，发挥了不可代替的作用。文本中的语言起源于作者对历史上的文化传统的阅读。但是，文本自身又是历史的结构性因素。个体生命由于书写才进入历史，它以文化心理为内容，在书写中使个体生命的心理世界向精神世界转化。相反，在人类生命向个体生命的转化过程中，语言的言语化和阅读活动有其关键的作用。所以，阅读乃是个体生命的言语对人类生命的语言的承纳，是人类生命被个体生命个体化的心理共在活动。个体生命在人类生命中，其现实的方式就是在文本中。

文化生命体作为历史价值逻辑主体出现的必然性

尽管读写活动的对象比听说广阔，但其作为个体生命的活动依然带着有限性的特质。所以，个体生命在人类中同他人的同在始终是一种理想。对这种理想的渴求，表达出个体生命进入人类生命的深度。个体生命通过书写与阅读两种共在活动，和人类生命发生内在的关联。这种活动，已越过了社会层面进入历史层面。换言之，人类同在作为一种理想，发生于历史中而不只是在社会中。由个体生命的文化心理与文化精神融汇生成的文化生命体，因为听说活动的有限性而必然呈现于历史价值逻辑相里。作为文化生命体的个体生命，乃是以其心理的和精神的质素为基础、不断同他人同在的生成性价值逻辑主体。因此，和意识生命体、精神生命体相比，文化生命体更赋有生成性。

第二章　全超验的形而上学

从亚里士多德的《形而上学》看形上的对象

亚里士多德在《形而上学》中，把物学（即广义的"自然哲学"、自然科学）称为"第二哲学"。克来孟据此将"第一哲学"理解为"超物学"。关于亚氏《形而上学》一书的由来，还有一种解释为"次于物学之后若干卷"的亚氏遗稿。[1]汉译中的"形而上学"（日本又译为"纯粹哲学"），根据中世纪拉丁语 Metaphysica，此译又从希腊语 tà metà tà physiká 而来，意为"在物理学之后的学问"。希腊语中作为词头的 metà，有"在……之间"及"在……之后"的涵义。亚氏所用的"形而上学"，在理论学术中同物学、数学并列。它异于物学又先于物学，[2]研究最基本的、不变的本体，考察万有的普遍性。"存在之所以为存在"（或译"实是之所以为实是"）的学问，[3]即形而上学。当然，"本体"在亚氏那里，不但包括可感觉的本体，还包括不可感觉的本体如"第一动因"。[4]物学以可感觉的永恒本体和可灭坏的本体为对象。形而上学以不变的非感觉本体为对象。值得说明的是：在亚氏看来，哲学包括作为第二哲学的物学和作为第一哲学的形而上学。形而上学不等于

---

1 亚里士多德：《形而上学》，吴寿彭译，"译者附志"部分，北京：商务印书馆，1991 年，第 329 页。

2 亚里士多德：《形而上学》，吴寿彭译，北京：商务印书馆，1991 年，第 222 页。

3 同上，第 56 页。

4 亚里士多德：《形而上学》，吴寿彭译，"译者附志"部分，北京：商务印书馆，1991 年，第 246 页。

哲学，因为形而上学的对象，已经超越了作为物学对象的此岸世界、回到了人的生命理智之思中，以及这种思同普遍的"神思"的关系。[5]不过，在整体上，亚氏的《形而上学》，更赋有哲学的、元物理学的倾向。

形而上学这种"超物理学"，其对象超越了物学（或自然科学）。由物学所研究的自然性肉身，不过是人实现自己的生命理智的彼岸化的中介。至于形而上学的对象本身是什么，这个问题的答案在人的我思之中，不在我对可感觉本体的思之中。我思存在于我的思想活动，没有我的思想活动，便没有我思的思想。我无所想，我便没有思想。"思想不异于思想活动，思想便合一于思想对象。"[6]我在我的思中感应神心（至善的理性），于是，我的思想"就成为思想于思想的一种思想"。[7]既然所思的与能思的在思中合一了，那么，形而上学便没有思想的真伪问题，只有在思中是否生成了思想的问题。

亚氏关于"思想"与"思想活动"的论述，预示着形而上学在语言上的个别性和超越性。形上之思中的符号语言，仅仅是实现思想的中介。换言之，形而上学的语言，是一种感应性符号语言。柏格森将这种语言的感应性称作直觉，与科学语言的分析相别。直觉指理智的体验，使人置身于对象内部以便与对象独一无二的、不可言传的东西相契合。分析把对象归结为一些已经熟知的、为这个对象与其他对象共有的要素。"任何一次分析都是一种转述，一种使用符号的阐述，一种由于采取一连串观点而获得的表述；从多少个观点出发，就是指出所研究的对象与其他被认为已经知道的对象之间有多少种联系。分析……也无休无止地变换着各式各样的符号，以便使那个永远不完满的转述完满起来。"[8]柏格森区别直觉与分析，这旨在阐明形上（形而上学）与科学的差别。他认为形上是不用符号的科学，不意味着它拒绝感应性符号语言。他强调形上不用科学那样的分析性符号语言，也不用概念。因为"每

5　亚里士多德：《形而上学》，吴寿彭译，"译者附志"部分，北京：商务印书馆，1991年，第248页。亚氏所说的"理性"、"思想"，不只包括人的理性、思想，还内含神的理性、思想。而且，后者比前者更重要，人只可能偶尔达到"神思"的最高境界，上帝的理性又是至善理性。

6　同上，第254页。

7　同上。

8　转引自洪谦主编：《西方现代资产阶级哲学论著选辑》，北京：商务印书馆，1964年，第137页。

一个概念在对象方面所把握的，都只是这个对象与其他对象共有的东西"。[9]"概念只能使一个特殊属性为无数事物所共有，从而把它化为符号。"[10]"概念不但有把对象的具体统一性分割成若干个表达符号的毛病，而且把哲学分成了若干个派别。"[11]概念所指对象的个别性，是概念在对象之间寻求差别性的所指所致。但是，不能因为概念的分析不同于柏格森理解的直觉，而否定观念在形而上学研究中的作用。其实，本真的直觉，并不是理智的体验，而是意志的体验。直觉活动必然同人的意志行为、同人的现时的全部存在相关联。感应在类比意义上，带有理智体验的特点。这种体验，不以外在自然而以人的存在为对象。

形上与科学在语言上的差别

柏格森发现了形上语言不是科学语言，但他没有找到前者的独特规定性。这和他关于形而上学的对象的论述相呼应。他说："至少有一种实在，是我们大家从内部通过直觉、而不是通过单纯分析把握到的。这就是我们在时间历程中的我们自己。这就是我们的绵延着的自我。我们可以对别的东西没有理智的体验，但是对我们自己，却是确有体验的。"[12]由于直觉必须有人的全部存在的参与，那么，从直觉而来的形上对象，自然以我们自己为对象。直觉不像理智，把世界分别为差别物。[13]不过，形上语言的特点，是其作为符号语言的感应性、观念性，形上之思在思中，切中的是我们存在中的彼岸化的生命理智。形上就是要在观念性的切中之思中，生成思者特有的心灵图式。柏格森的形而上学，就其语言和对象言，更赋有美学的特点。他在自觉的形上之思中，不自觉地预示了美学作为学问形态的条件。他以象征性语言展开自己的生命哲学，使之又有艺术性的特色。

形而上学为什么不用分析性的而用感应性的符号语言呢？因为，它的对象就是人的彼岸化的生命理智；它的使命为借助观念性符号，通过设定原初观念思出人生的意义。形而上学本有的超越性，指明它和科学的根本差别。

9　转引自洪谦主编：《西方现代资产阶级哲学论著选辑》，北京：商务印书馆，1964年，第 140 页。

10　同上，第 141 页。

11　同上，第 140 页。

12　同上，第 137-138 页。

13　参看罗素：《西方哲学史》，纽约：西门与舒斯特公司，1972 年，第 798 页。

它在对象上要超越自然性的对象回到人自身的存在本源中，在语言上要超越对应性符号语言返归感应性符号语言，在使命上超越给人关于事物的知识体系而为思者承诺其存在的根据。在这三点上，形而上学不同于科学。所以，不能用科学的尺度衡量形而上学，更不能以科学的我思要求形上之我思，进而取消形上之思。

鲁道夫·卡尔纳普在《通过语言的逻辑分析取消形而上学》一文中指出：形而上学的词如"存在""绝对"等没有意义。他按照科学的准经验标准检查形而上学。当然，因为形而上学使用的观念不可能像科学中的概念那样，严格地遵循对应性原则，只会得出形上之词无意义的结论。如他分析笛卡尔的"我思故我在"时，认为此陈述错在：存在只能与谓词而不能与名称连用，表示存在的陈述无"a 存在"这种形式，只有"存在着如此这般的东西"；另外，如果从陈述"p（a）"（a 有性质 p）推出一个表示存在的陈述，那么，此陈述所断言的存在只能与前提中的谓词 p 有关联，不能与其主词 a 有关，从"我是一个欧洲人"得出的结论不是"我存在"，而是"一个欧洲人存在"。

如果以科学语言要求能指与所指的对应关系来看卡尔纳普的分析，它无疑是对的。但是，从"在"作为"思"的感应性观念来看，笛卡尔的结论也是对的。只要我在思中感应到我的存在，我便存在。

卡尔纳普将有意义的陈述，分为逻辑和数学公式之类的分析陈述及经验陈述。因为，它们可以通过句法规则及事实指向来检验或确证。他据此将哲学的使命规定为清除无意义的词和无意义的假陈述，澄清有意义的概念，从而为事实科学及数学奠定基础。[14]这里，卡尔纳普的哲学，就是科学的另一种称谓而已。形而上学不过是对人生态度的表达。它起源于人生对其环境、社会、所献身的事业、所遭受的不幸需要做出感情反应和意志反应。艺术是这种表达的恰当手段，形上为不恰当的手段。[15]因为，在卡尔纳普看来，"意义"一词只有认识性没有感应性的涵义。形而上学无意义，指它不具有认识性的意义。但是，在感应性符号语言的应用中，形而上学却有科学没有的独特意义。形而上学这种精神样式，并不为人承诺关于事物的知识体系。但是，它的确是人的生命理智彼岸化的手段。和艺术、宗教一样，形上是人承受普遍自我的一种方式，而且是包括科学在内的任何学问形态都不可取代的方式。

---

14 洪谦主编：《逻辑经验主义》，上卷，北京：商务印书馆，1982 年，第 28-33 页。
15 同上，第 33-36 页。

科学不同于形而上学：科学是人的生命理智向自然（外在自然与内在自然，所以，此处所谈的科学包括物理学、生命学、生理学）而去。它用阐释性的、对应性的符号语言，其所指客观指向自然中的事实和规律。根据科学（尤其是物理学）的语言，任何个别物理事件或物理状态都能找到一个相应的概念或命题、定律与其对应。因而，科学具有普遍的可理解性。众人可以将同一所指指向同一事物、事件、命题；形而上学使用感应性符号语言，是人的生命理智向自己的良心而去。这样，形而上学的意义，只对那些以形上方式感应普遍价值的人才存在。观念性的原初存在图式，并不是每个人都需要，也不是每个人有能力建立的。形而上学家，为自己的人生思出存在图式。这种图式，照亮他的存在全境，澄明他的心灵世界。对那些不愿寻问人生意义的人，它是根本不可理解的。何况，形而上学特有的语言方式，要求他人只能在符号语言上对形上文本有感应性的而不是对应性的思。如果按照科学对待形而上学的态度所内含的逻辑，以形上的语言尺度衡量科学，那么，后者照样无意义。但是，这种逻辑，对个别学问形态及个别精神样式，都是不公正的。个别学问形态和个别精神样式的成立，正是基于它们的个别性界域，即作为个别性的对象、语言和使命。

罗素站在科学的立场，将哲学生成自我的过程称为"自我独断"。他认为：自我独断在哲学沉思中如在其他地方一样，把世界看成达到其目的的手段。自我比世界重要，且为之立定界限。科学发现知识的过程，是使自我对应于对象中发现的性质，由此达到自我扩张的过程。[16]所以，哲学的价值，在于扩充人对可能事物的概念，丰富人的心灵，减少教条主义的自信。[17]这种关于哲学使命的论断，同罗素的物理主义信仰相关。"哲学和别种学科一样，基本的目的是要获得知识。哲学所追求的是提供一套统一体系的科学知识，和由于批判我们的成见、偏见和信仰的基础而得来的知识。"[18]其实，罗素这儿所说的，正是科学或科学哲学的使命。他如此看待哲学，和逻辑经验主义者有共同原因，他们的思想源于对科学的神化、技术统治的绝对信仰，是以科学主义为信仰的时代哲学。另一方面，他们忘记了在亚里士多德那里，"第一哲学"与"第二哲学"的区别，不但是哲学与物学（广义的"科学"）而且是形而上学

---

16 参看罗素：《哲学的问题》，何兆武译，北京：商务印书馆，1960 年，第 110 页。

17 同上，第 112 页。

18 同上，第 107 页。

与科学的区别。形上与科学，各自有不同的界域、不同的中心问题。形上的价值，不在于给与人外在的、客观的知识体系，而在于为其思者标明人生的意义，在于向人指出平和的、秩序的心灵世界及其存在方式。哲学放弃"第一哲学"的身份回到形而上学，放弃物理时间、物理空间、宇宙等自然性在者是什么的追问，回到人的精神样式如何承受普遍自我的承诺问题，这才是形而上学的根本出路。在这个意义上，亚里士多德把其形而上学称作神学。[19]

胡塞尔先验现象学的非超验性

如果把"科学哲学"定义为关于"认识的可能性的学说"，那么，先验现象学（先验哲学），只是一种更加思化的科学哲学理论。阐明真实存在与认识的先验关系，探讨行为、含义、对象的相互关系，这构成先验现象学的任务。[20]现象学是关于认识本质的科学，"是关于作为现象（显现及显现物）、显示、意识行为的认识的科学"。[21]显现物如何显现在意识中、主体怎样切中对象，这即认识的可能性问题，是现象学关注的核心。

据此，胡塞尔把科学思维分为自然思维及哲学思维。自然思维在先假定了认识的可能性，假定认识意义的先天联系和认识规律的先天有效性。认识总是关于对象的认识，其内在意义使它与对象相联系。它是一种自然的心理事实，一种认识着的有机生物体的体验。自然思维不关心认识批判。

哲学思维起源于认识的可能性问题。主体如何在超越自身中切中客体，这对自然思维而言，是完全自明的。但是，现象学的出发点，就在于在哲学思维中阐明自然思维的自明假设，通过研究认识的本质，解决有关认识、认识意义、认识客体的相互关系，揭示一般对象的本质，批判自然认识。

在根本上，自然思维与哲学思维的差别，是其语言的差别。在自然思维中，概念所切中的不仅是它想切中的，而且必须符合它要切中的个别对象。概念如何切中对象，于是有认识的可能性问题、知识的起源问题。在哲学思维中，观念所切中的，正是它要切中的。观念是否切中了思者的所指，取决于他的感应性能力。这样，在哲学思维（严格地说是形而上学思维）中，根本

---

19 参看亚里士多德：《形而上学》，吴寿彭译，北京：商务印书馆，1991 年，第 119 页。形而上学所使用的感应性符号语言，使它无能解决自己不该关注的如物理时空、物质的性质及结构等问题。这些问题是科学关注的对象。

20 胡塞尔：《现象学的观念》，倪梁康译，上海：上海译文出版社，1987 年，第 4-5 页。

21 同上，第 18 页。

没有观念如何起源、思想如何诞生的问题。胡塞尔由于把哲学思维纳入科学思维，因而把自然思维的哲学问题当作他的哲学核心。哲学从科学终止的地方发端。一切科学的内容、任何被规定为自然认识领域的出发点的公理和所有精确论证的方法在哲学中都成为问题。哲学对自然科学来说，应该是一种新的尺度，一种全新的方法。它不以精密科学的方法为楷模。不过，胡塞尔现象学尽管企图摆脱旧哲学以自然科学为基础的影响，并自觉排斥这种影响。但是，它还是关于诸科学学科之间联系的科学，一门以阐明认识和认识对象之本质的科学。因此，它不是纯粹超验的形而上学，它依然停留在科学哲学的水平，属于一种科学的哲学。

先验现象学尽管是关于认识的可能性的先验言说，但它只是在经验水平上对认识这种经验的学说。现象学以认识的可能性的追问为使命，使之带有科学哲学的特点。胡塞尔意识到哲学要关怀超验之物、以人的纯粹意识为对象。他的认识判断开端于中止判断有效的地方，提出原初认识为认识的起点。这种认识自己给了自己，把自己当作第一性的认识。它在自然、社会、自我及整个世界打上可疑的标记。胡塞尔从笛卡尔的怀疑中止的地方出发，越过我思的绝对性及自明性。他超越笛卡尔的中止判断（"我思故我在"），因为，同思相关的那个自我还只是心理学的事实，在现象学领域还必须接受怀疑，使我思成为纯思。按照胡塞尔，自我这种心理学的事实应当在现象学上加以怀疑。不过，即使在现象学意义上，纯思同心灵的我分不开，只有我在思，纯思才有绝对的可能性。胡塞尔把我思的不可怀疑性推进到纯思的被自身给予性。纯思为纯思，在于它能够思其自身，构建自身。这即纯思的内在性。它构成认识批判绝对明晰性的起点。认识在认识自身中被认识。认识如何使自身被给予呢？它利用不能论证或演绎的直观，让纯思成为认识批判的开端。当纯思赴身到超越之物时就中止判断，把超越之物悬置起来，括弧起来，"将所有有关的超越都贴上排除的标记，或贴上无关紧要的标记、认识论上无效性的标记，贴上这样一个标记，这个标记表明：所有这些超越的存在，无论我是否相信它，都与我无关，这里不是对超越的存在做判断的地方，它根本不被涉及"。[22]所以，胡塞尔并没有解决如何切中超越之物的问题。他把超越之物悬置起来，中止对超越之物的判断。这在方法上被叫做"认识论的还原"或"现象学的还原"。

---

22 胡塞尔：《现象学的观念》，倪梁康译，上海：上海译文出版社，1987年，第37页。

认识论还原包括两方面：一方面，世界之物、人的体验的体验对认识论来说是零，认识论不在此开端；另一方面，是从中止判断的地方把心理体验还原为纯粹现象。这个现象指出：此种体验的内在本质是绝对的被给与性。本质直观、知觉、体验、我思，使其获得现象学的意义。这里，笛卡尔的我思作为心理事实还原为纯思现象了。只有藉着纯思之在的绝对被给予性及其自明性，内在之在才进入现象学的领域。

现象学通过对外在物理事实及内在心理事实的还原，把自己的对象限定在纯粹内在直观中被把握的绝对被给与性中。它研究纯粹意识、内在直观中的纯直观的纯粹现象。它用本质直观及感知给予的东西，发展了笛卡尔关于"我思"的不可怀疑性的思想。不过，不能忽视的是：笛卡尔使形而上学回到了作为超验起点的我思领域。这种回归，不是为形而上学的而是为科学的。我思的自明性，没有解释成心灵图景的自由被给予性，而是为整个关于世界的知识提供形而上学的解释证据，为客观主义及精确科学的知识提供形而上学的绝对保证。笛卡尔在发现了形而上学应有的超验对象后，立即以我思的不可怀疑性停下形上之思。这次停留，影响了几个世纪以来的欧洲哲学。连意识到笛氏局限性的胡塞尔，也没有从此将哲学推进为纯粹的形而上学。因为，两人都把形而上学的使命规定为解释知识的起源问题或认识如何可能的问题。胡塞尔对笛卡尔的批评，也适用他本人。他说：笛氏"实际上没有对他的一切先入之见、对各个方面的世界执行中止判断（或加'括号'）；他被他的目标所缠住，没有能提取他通过中止判断的'自我'所获得的最有意义的东西，从而没有能纯粹在这个自我方面开拓哲学的奇迹"。[23]胡塞尔尽管对此作了探索，其目的却同笛氏一样，是为了解决认识的可能性问题，为了说明科学的或前科学世界的存有意义。他如果把中止判断也用于其设定的哲学使命上，便有可能从纯粹哲学过渡到超验形而上学。胡塞尔在反思现象学的使命时，依照遵循哲学的认识论理路。他在不该中止判断的地方中止了判断。至少，他当对认识的可能性、认识的本质及认识概念本身是否属于哲学的问题域执行中止判断。胡塞尔自觉到客观主义、自然主义、物理主义应当在人的心理意识生活世界面前止步。他未感应到形而上学也该超越此岸的人生，并继续追寻人生的超验性意义。现象学探究认识的可能性问题，主观地为科

---

23 胡塞尔：《欧洲科学危机和超验现象学》，张庆熊译，上海：上海译文出版社，1988年，第94页。

学承诺存有意义的基础。这种动机还是经验性的。但是，无论外在的客观经验世界或内在的主观经验世界（心理意识界）的终极意义，都不在此岸世界而在彼岸的超越于经验水平的超验世界上。主体的自我构造，并不可能构成"现存生活世界的存有意义"。[24]形上的超验性，根本不指向自我构造着的主体，而是以主体之上的普遍自我为对象，以承诺普遍自我的承诺者为自己的规定性的给予者。近代以降的超验主义哲学传统，没有达成自己的超验性，原因不在于哲学的超验性向往，而在于实践这种传统的哲学家企图只在人的意识生命体中构建哲学的超验性。胡塞尔认为：实证科学的方法的自明性本身是一个问题。客观科学方法，立足于一个没有被提问过的主观基础上。超验哲学正是为实证科学提供基础的说明，揭示客观世界的存有意义及作为超验的、主观的意义的客观世界之存有意义。不过，这种哲学及其代表——德国观念论的目的，在于展开经验此岸世界而不是超验彼岸世界的意义。它没有把哲学从作为学问形态的科学中拯救出来，未将形而上学的本真内涵置入人生意义的超验迫问上。胡塞尔没有把真正的哲学理解为一种形而上学，没有将真正的形而上学理解为人的一种精神样式，没有在人的自我与超我之间、人的个别自我与普遍自我之间来反思真正的哲学。超验哲学在目标上的错误设定，使自己不自觉地生成为科学的哲学。所以，超验哲学代表一种外在形而上学，是元物理学而非超物理学。它将自己的问题域限制在经验水平的世界内。

超验哲学与超验形而上学的差别

超验哲学最终没向超验形而上学过渡，同形而上学的最初及其历史境遇相关。作为"第一哲学"的形而上学，在亚里士多德那里毕竟是相对"第二哲学"的元物理学。它最多研究物理学背后、即使物理学成为可能的主体（人）和永恒不变的非感觉物。文艺复兴继承古希腊哲学作为关于全部存在者和最高的、最终问题的科学的观念，企图用数学的方法理解合理的世界秩序。和随后的启蒙运动一样，它深信理性是永恒的、绝对的、超时间的。从笛卡尔以降的哲学，追求用科学方式创造包容一切问题的统一理论体系。笛卡尔本人，把形而上学的超验性自觉中止于在怀疑一切的我思。康德基于伦理及宗

---

24 胡塞尔：《欧洲科学危机和超验现象学》，张庆熊译，上海：上海译文出版社，1988年，第 81 页。胡塞尔对超验主义传统的理解，完全是经验性的。这同近代以来的超验哲学本身没有最终把自己建立在普遍自我的基础上有关。

教的需要设定物自体。它不可认识，因为认识对物自体是一种附加活动。不过，物自体这个康德批判哲学的原初观念，虽然不可认识，但可体验。康德没有完成形而上学的根本转变，因为他把自己的形上追问继续根植于经验水平的、目的论的世界上。他在哲学史上的地位在于：他已自觉到哲学向心灵的、主观的领域转移的必要性，为此做出了批判努力。先验现象学，意识到哲学应当完全进入形上的超验领域，其主观目的还是在追问认识的可能性或知识的普遍性根据。认识的客观意向性，证明在现象的自然界那里中止判断是不可能的。其实，现象学还原，带来的不是认识的而是思想的可能性明证，是关于思想如何思想思想的思想。它悬置认识对象、经验自然世界，在切中过程中因此而失去了切中的对象。这样，它所切中的，正是心灵的彼岸、思想的可能性问题。

对哲学史上的非超验性哲学的反思，正是为了超验形而上学的诞生作预备。它把历史中的哲学所具有的形上倾向显明出来，把本真的形上之思降落在过去先人之思中。它发现形上家在历史中的共同性及作为形上存在的同在者和其他同在者的差别性。这是形而上学自我反思前的反思。

哲学在古希腊起源时代，就想成为关于存有世界的普遍知识的科学，以描述全部自然图景为目标。这和物理主义的信仰在逻辑上一致。物理主义根植于物理学的神化观念，相信一切自然科学能还原为物理学、心理学能还原为生理学、人类学能还原为生物学。事实上，物理主义和哲学，只有在自己的界域内才有发展可能性。以往的哲学体系认为：哲学不仅能给予人生以意义，而且是自然世界的意义给予者；哲学不仅能描绘世界是什么，而且提供世界为什么这样的解答。这种倾向的持有者，忘记了哲学的形上性的超验本源，和形而上学作为哲学的可能性的给予者本身的承受性。尽管科学无能给予人生以意义，但哲学也不能承诺科学以意义。科学的目的，是让人发现一个关于自然的普遍知识体系。作为哲学的出路的形而上学，必须放弃侵占科学的界域的企图，超越物理学，在凡是有经验的地方（包括关于经验的先验这种经验）让位于科学，以便重新确立自己的边界。

从笛卡尔以来，除海德格尔、雅斯贝尔斯的存在论哲学外，整个近代哲学在目的论上、在客观结果上都没有摆脱如下的观念：追问知识的最终起源，建立客观绝对的形而上学的或者作为一种客观的普遍的科学哲学的正当理由。这种把哲学凌驾于科学之上的努力，不但没有使哲学在形上超越中新生，反而使之在远离形上超越中沦为一种科学的哲学了。形上与科学在对象上的相似性，并没有赋予形上僭取科学的特权。科学虽然得益于人的理性为之确定的规范，但以考察人的理性为出发点的形上为科学承诺合理性，这本身就是反科学的。科学属于纯粹经验的领域，形上为纯粹超验的领域。前者陈述宇宙的和人作为自然性在者的秩序，后者创造个人为精神性存在者。哲学以追问知识的终极根据为目标和以经验水平的反思代替超验水平的反思，是其沦为认识论而没有升华为形上的原因。认识的可能性问题，是科学的、非哲学的，更不是形上的问题。它属于科学哲学研究的对象。形而上学，把认识的可能性问题让位于科学本身，再以思想如何生成人的心灵图景为主题。它切中的不是外在的自然和内在的认识自然的方法，而是那个在人的意识深处隐藏着的纯粹自我的观念性生成。认识如何可能，这是科学家或科学哲学家的探讨对象，不应当成为本真形而上学家的使命。在此意义上，现象学称得上是一种认识批判的方法，一种认识人的认识结构的科学，一种认识论而不是形而上学。难怪胡塞尔说：“现象学哲学认为，它本身在其全部方法中是一种有序意向的纯粹结果。这种意向已经一开始就赋予希腊哲学以生命。然而，最重要的是：这种依然赋有生命力的意向在理性主义和经验主义两条路线中，从笛卡尔经康德及德国观念论延伸到我们这个混乱的时代。一种有序意向的纯粹结果意味着现实的方法，它允许各种问题被提出并加以解答。在真正科学的路上，这是无止境的。因此，现象学要求现象学家放弃构建哲学体系的理想，成为一个和他人共在的谦逊工作者，为一种永久的哲学（philosophia perennis）而生活。”25

哲学的未来，不在作为超验哲学的现象学而在超验形而上学。

超验哲学的目的，是为一切科学在总体上奠定完全的基础，为一切自然科学、精神科学给予形上的导论。尽管其出发点是形上的，其归宿却是科学的。超验哲学，最终没有实现从此岸世界向彼岸世界的过渡，始终停留在现实的、经验水平的对象上，企图从人的主观意识中给予存在以意义。胡塞尔把“超验的”限制在纯粹意识、纯粹思维的领域。心理的存在，这种纯粹自为的存在的主体性在自在存在中居优先地位。他通过心理学的说明排除“我”在思维中的作用，以便为认识的可能性提供主观的基础。当他排除自

---

25 Husserl, 'Phenomenology', in *Deconstruction in Context Literature and Philosophy*, Edited by Mark C. Taylor, Chicago: the University of Chicago, 1986, p.140.

己的这种"我"的时候，其客观目的指向为一切科学提供一种普遍的根据。他没有意识到真正的形而上学其实是一种个人性的精神样式。正因为是个人性的，形而上学才是普遍的，即对于提升人类同在者的心灵有效。超验形而上学中的"超验的"，用于同在上的精神（圣灵）相关联的纯粹心灵。在这个意义上，它停留在承受在上精神而生成着的纯粹心灵中。笛卡尔的"我思"的心理学涵义在其中不受排斥，只是把它升华到同在上的精神相关联的形上层次。

在胡塞尔那里，"超验的"是使所有哲学回到它自身、追问一切知识形成的最终源泉的动机。它以意向性为中心认知生活而不是非对象性地感应生活，是对我自己整个实际的和可能的认知生活而非对我的全部感应过程的关注。因此，超验哲学是一种外在形而上学。

超验形而上学的"超验"，是一种使所有形而上学回到形上精神——超物理学的动机，是思想形成的原初动力。它不为知识提供真理性的尺度。超验的问题集，限于人与自我的关系及这种自我如何承受普遍自我中的成长问题。它不关心纯思怎样把世界纳入意识及外在世界以什么方式被认识切中的问题。超验形而上学，不以回到现实的经验水平世界为前提。它在彼岸世界为人生给出观念性的根据。对个人言，这种根据是激励人存在的理想；对人类言，是人作为人承受普遍自我而有的一种精神样式。

超验形而上学，不可能为经验水平世界给予超验的存在意义。它是一种自在的哲学。其出发点是人与心灵的关系，其使命也是这种关系的解答。它为人的存在承诺超验的意义。

经验主义、理性主义哲学的非形上倾向

超验形而上学的历史，是形上的超验性自我开展的历史，又是形上与非形上差别化的历史，是形上从非形上之对象中区别出来的历史。从柏拉图开始，形而上学获得了它的超验性，后经亚里士多德的摹仿观念的赴身而弱化。文艺复兴、启蒙运动，继承古希腊理性文化精神，首肯形而上学的元物理学地位，未将其推进到超物理学；贝克莱、休谟的一切客观性范畴都是虚构的思想，取消了形而上学在客观世界中发现原初观念的可能性和经验世界对形而上学成长的意义。当然，观念论认为外在世界无不是我的观念的产物，这同样混淆了形而上学与科学的差别。

经验主义哲学，把外在的感觉材料及内在的心理材料——经验或先验的对象——当作形而上学的对象，这本是反形而上学的，因为形上拒绝任何来自经验的陈述。在语言上，经验主义哲学要求哲学中的个别观念应有概念性，任何命题应有经验的可检验性。这根据哲学的阐释性符号语言。在使命上，经验主义哲学以建立自然的有序图景为目标，认识的起源、认识的特性构成哲学的任务。后者成为哲学在近代发生的所谓认识论转向，一直延续到20世纪的语言学转向。总之，经验主义哲学，以非形上的语言达到非形上的目的，其出发点也是非形上的经验水平世界。

和经验主义哲学一样，理性主义哲学也有非形上化的倾向。它以人的自我意识中的生命理智为出发点，以理性发展哲学，又停留在探索知识的可能性、特点、起源的范围内，认为知识源于主观的观念。这在使命上表现出反形而上的科学哲学倾向。代表理性主义哲学的柏拉图哲学的三个命题，集中反映了理性主义哲学的内在矛盾。现实世界是理式的影子，艺术世界是现实世界的影子，理式世界高于现实世界、艺术世界，为其源泉。这里，理式这个原初观念没有在现实世界面前中止效用，承受普遍自我的超验心灵图景，外化在外在的世界中了。另外，理性主义哲学，在语言上有经验及超验的二重性。说它是经验的，因为它以先验的心理为言说对象；说它是超验的，因为理性主义哲学家的原初观念是绝对被预设的。

所以，超验形而上学，既不是经验主义的，也不是理性主义的。它不是与科学并立的一种学问形态，它拒绝经验的实证和科学的陈述方式。它只是形而上学的，而且是一种形上精神样式。超验形而上学，摆脱了日常世界的纠缠，从现象学止步的地方开始反思人生的意义。这种反思与科学无关。它不奢求为科学提供所谓的客观认识的基础。它是形上的超验反思。如果说现象学把哲学从数学化的自然世界解救回日常生活世界，那么，超验形而上学则把哲学从日常生活世界升华到普遍自我在下承诺着的个别存在者存在的世界。

形上对象、语言、使命的超验性

形而上学的特征是它的超验性。当然，这种超验性差别于超验哲学的超验性，后者只是经验水平上的超验性。它因而是先验性的。形上的超验性，超越经验水平，实现在形上的对象、语言、使命之中。

形上对象的超验性，即其对象的非对象性。形而上学区别于以现成性的自然、社会、自我为对象的学问形态。它只是一种精神样式。离开个别精神性存在者的存在活动，精神样式便不可能显现。形上作为一种形上精神样式，是形上之思者在心灵中承受普遍自我的产物。它把心灵彼岸化，在那里生成思者的存在。它不以一切在者、生长者、生存者为对象而以存在着的存在为对象，而且这种对象诞生在形上感应过程中，展示在人的存在活动中。没有人的存在活动，形而上学就没有对象；哪里有人的存在，哪里才有真正的形而上学。正因为如此，任何经验都经验不到形上的经验，原因是经验者必须有现成的经验对象。凭着经验的指引，不仅探究不出形而上学，而且会背离形上的内在精神指向。

形而上学的对象，不是一个事实性在者，而是人的一种生成性存在活动。形上，是形上之思者的个体生命在反抗死亡中生起自己的存在的活动。自然中的事实性在者、社会中的他人之共在者、自我中的现成性肉身，都不是形上之对象。所以，形上只可感应不可研究。因为研究者在研究之前，必须有一个现成的事实性对象。研究者和研究对象彼此分隔，使研究者在研究中远离了研究对象。

在形上之思中，思者发现了一个从未思过的世界，一个正在向思者走来的世界。难怪亚里士多德认为哲学起源于人的惊讶，因为他在具有形上倾向的哲学沉思中发现了一个不同于此岸的彼岸世界。这个世界，不存在于现实世界中而在人的在场性努力中，在自我意识深处的生命理智的开启中。海德格尔认为哲学就是与存在者之存在相契。"philosophia（哲学）是直接实现了的相契，这种相契是完全依着是者之是（或译为"存在者之存在"）的呼声而说话，这种相契听取这种呼唤的声音，呼唤我们的这种是的声音唤起了我们的相契。"[26]思者在同自己的存在的相契中，惊讶于自己的存在同其他在场者的差别，惊讶于自己的存在和其他个别共在者的差别，即海德格尔所谓的存在者与存在者彼此合辙相互倾吐。他在这种惊讶中把自己的生命理智所预设的原初观念根植于意识，以此为基点生成人的存在。

形上以原初观念反抗死亡和虚无，并超越它们的限制，把有限的人生建立在无限的普遍自我上。我体生命的超越性需要，使形而上学成为人的一种

---

26 中国现代外国哲学学会主编：《现代外国哲学》，第 7 辑，北京：人民出版社，1985年，第 310 页。

本质要求。个别的形上体系，无不内含着一个原初性的观念。个别形上家，能否成就他的形上体系，取决于他如何设定原初观念。在终极意义上，形上家的原初观念，都是其自我意识承受在上的普遍自我在下承诺的产物。普遍自我直接在下承诺原初观念，成为原初观念的原初性的根源。这是为什么个别形上家都声称自己的形上体系带有普遍性意义的原因。

原初观念直接来自普遍自我的在下承诺，所以，它是不可理解的。专有名称非类别名称。它不代表一类事物的共同特性的所指，属于个别形上体系。承受者的生命理智生成在原初观念的开展中，当然对其生成的源泉不可理解。普遍自我在下承诺原初观念，通过指使来完成。所指并不指向作为具体事物的能指，而是生命理智的原初观念。若有人问形上家为什么设定这样或那样的原初观念，他将回答：其原初观念来自普遍自我的承诺，是其生命理智对普遍自我的承纳。费希特哲学中的"自我"，便是这样的原初观念的代表。在 1795 年 7 月 2 日写给赖因霍尔特的信中，费希特说："我的哲学的入口始终是不可理解的，这使得我的哲学很费解。因为它只能用想象力去把握，而不能用理智去把握。但是，这正保证了它的正确性。任何可理解的东西都以一个更高的领域为前提，它在这个领域中被理解。"只有把握了任何哲学体系的前设，才能真正地理解该哲学体系本身。全超验的形而上学，就是要阐明形上哲学本身的前设。同样，胡塞尔对自己哲学的原初观念——"本质直观"——也提出不可论证或演绎的命题。

形而上学展开原初观念，使其思者相遇在自己的生命理智的成长中。原初观念在上承受普遍自我表明：人的存在本是奔向最高存在的过程。形而上学家体系的完成，即他作为形上思者生命的完结。相反，在一个形上体系后又有一个形上体系的问世，恰恰说明形上的超验性本质。他人的形上体系，并不是我的形上存在的表达。它只对他人有意义。原初观念充当形上体系的核心，永远是个别形上家的原初观念而不具有相对他人之存在的原初性。个别形上家根据原初观念所确立的，只是对他个人而言的存在而非存在者全体的存在。因为，存在者全体，共同面对着普遍的自我超越的存在本身。这个在上的存在本身，给予存在者全体以存在的根据。形上家是感应到这种根据的个别存在者。

按照价值逻辑论，形上的原初观念为自由。自由这个原初观念意味着：人的我体，是人自己承受普遍自我在下承诺的产物。我因为自身生成为自身，我有权利这样，是由于普遍存在给予了我作为个别存在者的权利。因此，我在自由中不被他人给予，也不受外在的自然性在者的限定。我不可能从他人获取存在的规定性。即便我放弃我的存在权利，我也有自由放弃的自由。

自由产生在人与自身的关系中，是个别自我在承受普遍自我时享有的绝对被给予性。它不伴随任何有限的条件。它因着人的本源性及其作为原初观念的内在性，使个人能作为绝对的有限者自己创造自己。所以，自由是个体生命心理意识的源泉，是一切存在者成长的动力，更是一切存在者努力的全部目标。自由的丧失，首先是个别存在者的存在性的丧失。强权对此无能为力，只有来自心灵的自我封闭才能夺走存在者的自由。其结果，是否定存在者的个别性及向我性。当我思中的我被他人代替，当我爱中的我为他人置换，当我为中的我被他人兑现，思、爱、为就失去了它们的主体化本源责任者——我。人因此而不自由。

超验形而上学，在着手反思形而上学的超验可能性中发现自由对反思者的根本性，因而被展开为自由的形而上学。事实上，个别形上体系的成立，离不开其思者设定原初观念的自由。自由是一切绝对观念、一切原初观念的基础。自由的内在性，表现为它依靠自己通过自己最后成为自己。一旦自由构成其思者的原初观念，思者便拒绝任何外在的陈述，在思中绝对确立我的向我性、我的我体性。我面向自己而思，在思中生成那个在思的我。我思的自由运行，为思者的心灵图景和作为这种图景表达形式的形上体系的呈现给出根本的可能性。不用说，自然科学，不过是自由的我思赴身感性材料的结果。

自由作为原初观念，没有对立性和并立性的观念。表面上和自由对立的奴役观念，实质上是奴役者不以自由为原初观念而思的副现象。有无自由，这不是主人和奴隶的界线。奴隶没有自由是事实，但主人受本能、权力、天命等的奴役也是事实。想自由奴役他人的人，在意识中受到不自由的灵魂的奴役。

自由这个原初观念的非经验性，使形上思者只能感应到他的存在的自由，不能让他人感到形上之思的自由。从他人的经验中，演绎不出我的存在。一旦选择形上来实现存在，我就必须从头开始思，从在上的普遍自我承受我的个别存在根据即个别原初观念。我根据我所承受的原初观念，向我而思，完成我对心灵的耕耘，以此将文化心理层面的我外化为文化精神层面的我。理性文化内含的形上，即是我作为自由的存在者的明证。

　　形而上学，不像科学以此岸的自然性在者为对象而以彼岸的生命理智、以生命理智在承受普遍自我的承诺中的生成活动为对象。它给予思者的意义，是展示性的、非认识性的。人心从普遍自我承受的自由，为形上之思者承诺了自由设定原初观念的可能性。思者据此为自己的存在确立根据。

　　形上对象的超验性，同形上语言的超验性相呼应。只有超验性的语言，才有超验性的形上之思。

　　形上语言的超验性，由形上对象的超验性所决定。形上之思者，通过设定原初观念，让生命理智赴身于自我。这种赴身，依照思的法则即并立原则与对立原则，将思者的心灵安置于有序的观念图景中，从而展示思者的个别性存在。形上之思，要求形上语言为感应性符号语言。它区别于科学的对应性（或阐释性、认识性）符号语言。其中，能指和所指是一种感应的、非对应的关系，所以，形上之思中没有所指如何起源于能指、认识如何起源的问题。思想如何起源，是根据科学之思的方式提出来的伪问题。换言之，在形上之思中，任何现成的形上语言，都不是形上的。因为，它对思者是经验性的而非超验性的。思者只有在直接承受普遍自我的承诺中而不是面对他人的超验性经验时，才能展开形上的超验之思。一个超验性的原初观念，对其形上思者是超验的，但对其他形上思者就是经验的。形上思者在阅读他人的超验性原初观念中，将其转化成自己的经验。从自由设定原初观念开始到形上之思所成全的自由心灵图景的诞生，形上语言因其超验性而不可检验、不可实证，不可还原为事实性的所指对象。

　　音响形象和所指概念，是符号语言的两个因素。在形上的感应性符号语言中，能指与所指，共同指向人的观念性存在。形上的语言世界，即观念性的世界。在形上之思中，人将能指的意义赋予指称实体，并在此种赋予活动中生成人作为人的存在意义。个别原初观念对个别的形上思者，是绝对被感应的、被预设的观念。感应不向他人阐释人作为人的普遍本质，因为，对非形上之思者，根本就不存在具体的被感应的本质；因为，形上之思者的存在，存在于他的感应性之思中。如果从形上角度给人的本质下定义，那么，任何形上家作为人的本质，便是他能感应到根植于原初观念的自己的存在。历史上的形上家，在语言方面的共同性就在这里。

　　人有创造形上观念的自由，但没有预设科学概念的自由。胡塞尔的现象学，尽管揭示了思的意向性——任何思都是对某种对象的思，但科学的意向性之思不同于形上之思。前者以现成的、经验水平上的对象为对象；后者的思维对象来自思的创造性活动本身。作为形上之思的起点的原初观念，不是现成放置在他人的形上体系中的。它源于人对普遍自我的在上承受。思的意向性，要求思的语言的符号性，思中语言的能指与所指的对应性或感应性。用胡塞尔的术语说，即思维过程与思维对象相应、意识活动与意识现象相应。但是，科学之思以概念为出发点，从此建立由命题、定理、原理构成的关于自然的世界图景；形上之思以观念为出发点，给予思者在观念上存在的根据。在科学之思中，思者面向对象存在，对对象的思并不构成人的存在。思者所思的，同思者外在。形上之思中，思者所思的就是思者思着的存在本身，思者面向自身而思，人的生命理智便在此凸现。形上之思的超验性，不以经验水平的世界为中介。它直接承受在上的普遍自我所承诺的思的自由。

科学语言的阐释性、对应性符号功能，使任何科学概念、任何科学命题必须遵循能指与所指对应的原则。正因为如此，科学语言是可检验的。科学语言所内含的知识能普遍被传播的原因就在这里。形上语言的感应性符号功能所生成的形上思想，只对形上之思者才有普遍意义。形上之思者，利用感应性符号语言把自己所感应的存在图式对象化到符号中去。他感兴趣的，不是事实的可能性，而是自己的生命理智如何通过原初观念生成的可能性。形上思者在思中被给予的，是自己的存在意义而非命题意义。石里克把词的意义归结为实指定义，卡尔纳普提出词的意义的经验标准要求语言的能指与所指对应。他们以此审视形而上学，当然得出形上无意义的结论。这种审视是不公正的。形上有科学不能代替的、仅仅属于自己的语言和对象。形上语言的感应性，反对在形上之思中用阐释的、附加的方法即科学语言的思维方式。形上思者在思中，呈现出的是心灵的而非自然的秩序。

形上使命的超验性意味着：形上之思，不是为认识的可能性给出原初的说明，不解决认识如何切中事物的问题。这些问题为科学之思的使命。形上之思，为其思者的存在给予观念性的根据。形上思者在思中，感应到自己的存在的个别性，并用观念表达出来。思者所感应到的存在，是思者的超验存在。它不是经验水平的，不可能用客观的、科学的方法验证，不可能用他人的经验来说明。需不需要形上之思或形上，取决于个人如何选择自己的存在样式，如同有人选择艺术的样式，有人以宗教样式达成人生一样。唯有那些在意识生命中渴望承受普遍自我的观念性承诺（区别于普遍自我的形式性承诺和信仰性承诺）的人，才会对形上之精神样式产生感应及赴身的决心。

形上之思中生成的形上存在者，带有一般存在者的普遍特征。人的存在，差别于现成性的在者、生长者、生存者，因为人必须去存在，必须生成自己的存在，必须在存在中存在。没有存在的行为，人无从存在，也不曾存在。形上思者在形上之思中能够将自己所感应的观念对象化为符号语言，其前提是形上思者作为人的超验自由性。形上之思对思者，是自由之思。在此，对个别形上思者，不存在在先可以使用的观念和在先限制着思者的所谓本质。每位形上思者，都要从开端处着手。形上之思，为思者在观念上给予其存在的原初可能性，同艺术、宗教的精神样式一起，捍卫思者所从属的人类根本的自由规定性——即个人作为人自己生成自己、自己规定自己的权利。自由在先地由普遍自我置入个别自我中，是超验的、绝对的、无限的。因为，承诺自由的对象，本是自在永在的上帝。

形上之思以什么方式差别于艺术之爱、宗教之为呢？它如何给予思者的人生以意义呢？形上思者的自由，是他在思中设定原初观念、赴身原初观念的自由。形上思者自由确立某种个别原初观念，以此生成自己的观念性存在根据。这种根据的存在，表明形上思者并不是不存在而是以形上的精神样式超越了死亡，从有限的人生跃入无限的人生。诚然，如果形上思者所思出的原初观念同在上的普遍自我没有相关性，如果形上思者所思的在上普遍自我缺少终极的普遍性、无限性，这样，形上之思就不再是超验性的，更不是自由的思者在思。原初观念的原初性，由普遍自我在下承诺。任何现实的事实性在者、任何个别的存在者，都无能为形上思者给出普遍的原初观念。事实性在者的有限性、个别存在者的个别性，限定了它们承诺形上思者原初观念的不自由性。相反，个别形上思者在上承受普遍自我所承诺的原初观念，生成思者自由的人生。形上给予形上思者有意义的存在。个别原初观念，仅仅对个别形上体系、个别形上思者才是真实的。脱离具体的个别形上体系，原初观念的真实性将失去基础。

形上之思，借助原初观念及其赴身，生成形上思者的观念性心灵图景。在哲学史上，赋有形上性的哲学无不是观念论的。形而上学通过设定原初观念这种终极图式的承受者，使形上思者的心灵呈现出秩序。形上思者的心灵图景，因为原初观念的设定得以安息。其意义是展示性的，对形上思者有明确的所指或规定性。随着形上之思的开展，原初观念将赴身于形上之思者，使其成为感应自己如何存在的一种方式。个别形上体系根植于原初观念，是形上思者作为形上精神样式的存在者的完成。形上思者依靠自己所成全的形上体系，进入历史中的同在者全体，在现实生活中和他人共在。

形上书写 形上文本：形上家、形上作品

以上关于形上超验性的言说，基于对形上的对象、语言、使命三方面的考察。这种超验性的规定性，对象化在形上书写、形上阅读、形上文本中，对象化在形上家的心理意识中。换言之，形上书写的对象、语言、使命，无不是超验性的。超验形而上学，旨在阐明形上书写、形上阅读、形上文本、形上家这些个别形上活动及其产物的共同性。

形上思者如何达成形上的超验性呢？他如何持有自己的观念性存在样式呢？形上的超验性，必须借助形上书写具体实践。形上书写在开端处，是形上思者把从普遍自我（终极图式）承受的原初观念书写出来，进而以原初观念的赴身，对形上思者的心灵图景加以观念性的、结构性的书写。形上书写本身，是形上思者面对在上的普遍自我、把自己的观念性存在生起在死亡——虚无地平线上的过程。从形上思者和生理价值逻辑主体的相关性看，形上书写，是形上思者的存在同其生存着的肉体生命差别化的历程。书写把形上思者的存在带来同他人（读者）照面，将形上思者的心灵图景以观念为中介昭示给他人。作为个体生命的形上书写者，因为书写活动所产出的观念性的有序明晰的心灵图景而同他人共在，且在共在中书写着人类的存在。形上思者的生命理智，由于形上书写而被生成为彼岸世界中的所思。形上思者在形上文本中，现实地同他人共在并永恒地和人类同在。凡是有观念性心灵图景的人，将感应到这种共在性的、同在性的存在者以及那承诺形上思者原初观念的普遍自我。

形上书写创造两种文本：活动性文本——形上家和期待性文本——形上作品。

形上家是形上思者思其所思的产物，是形上精神样式的体现者。个人，只有在形上活动中包括形上书写、形上阅读中利用感应性符号语言才能生成为形上家。形上家这个生存着的形上存在者，通过自己对自己文本的阅读，回忆自己的思想历程，召唤他人的形上之思走向超验性存在，同时，向他人宣告自己的差别性形上存在。

形上作品区别于形上家。它期待他人在阅读中进入自身，又将形上家的形上之思昭示他人。形上作品，在被阅读中召唤出形上思者的超验性；形上读者，借助阅读形上作品感应自己存在的本源超验性。形上作品的价值，体现在它在被阅读中能够唤起读者的超验性之思，为形上家与形上读者给出期待性的场所。形上家在形上作品中同他人相遇，向他人表明自己作为存在者的根据。形上作品，以形上家的形上存在召唤读者的形上存在，为形上家从有限的人生向无限的人生过渡赋予现实的可能性。形上作品带着形上家之思，在他人的阅读活动中宣告自己的思者的形上存在。这种意义性的文本，使形上家及其共在者共同越过空洞的零度存在；这种思想性文本，使他们的心灵图景获得有序的呈现。当然，形上阅读不同于形上书写。读者必须在阅读形上书写的作品中书写出自己的原初观念及其形上体系，他才能成为本真的形上家或形上思者。

全超验的形而上学

形而上学为形上的精神样式，在于它在对象、语言、使命三方面所体现出的全超验性。超验性，相对经验性而言，相对经验水平的世界而言，既不同于作为纯粹经验的经验，也差别于以人的意识为对象的先验——先于外在经验的内在经验。经验的对象，是现成性的或作为现成意向的对象，即人所面对的现成性价值逻辑主体以及被理解为现成性的意识生命体本身。超验超越于经验水平的世界，以后者为中介直接承受在上的普遍自我的在下承诺。形而上学的超验性，是人在存在过程中在上承受普遍自我的在下承诺所生成的观念性存在规定性。观念性把形上承受同艺术承受、宗教承受相差别，形上以存在者所感应到的观念（原初观念和赴身观念）承受普遍自我的承诺，艺术以形式为承受方式，宗教选择信仰为承受方式。形上所承受的原初观念及出此引出的全部观念论言说，反过来生成为形上家的存在规定性。形上思者的个别性，显明在作为其存在规定性的观念论个别性中。他同所思的原初观念及赴身观念同在。

形上的超验性要求形上思者，既不能面向过去而思，也不能朝往未来而思。形上思者唯有在仰望普遍自我的承诺中，展开自己的观念性之思。研究过去的形上史，不可能使其研究者成为形上思者；预言未来的形上走向，同样不可能造就形上思者的形上性。过去、未来关于形上的观念论言说，对形上思者都是经验性的、非超验性的。形上思者在对形上史的思中和在对自己的原初观念的预设中，只能发现自己如何去承受普遍自我的可能性，即自己以什么观念为原初观念的可能性。这种可能性，不是形上之思的现实。在预设出自己的原初观念之前，形上思者还未开始形上之思。

形上思者，仅仅从经验退回到内在的先验意识中还不够，因为这样，他依旧停留在经验水平世界。他必须从先验的意识生命体进入超验的彼岸世界。在形上之思中运作的生命理智，差别于科学之思的生命理智。后者是现成性的思维手段，前者是生成性的思维目的。形上之思拒绝经验的反驳，它与经验水平的世界没有关系。那些从经验科学的视角提出的关于形上的诘难，因为无的放矢而不可能真正取消形而上学或根植于人的心灵中的形上精神。

作为主体化存在本源之一的我思，只有在形上之思中才有我的个别性。我思超验地承受在上的普遍自我的在下承诺，思出我这个思者唯一的原初观念。我以原初观念为基点，构建我在虚无中的存在家园。在我思在上承受普遍自我的在下承诺这点上，形上的超验性显现出信仰的成份。一切形上思者声称其原初观念的自明性和绝对性，原因在于形上思者在设定其形上体系的原初观念时具有超验的承受性。

形上对象的超验性，决定形而上学不是元物理学，乃是超物理学。外在的自然经验及内在的意识经验，都不再是形上的对象。哲学史上，以原初概念规定原初观念、把对应性符号语言当作感应性符号语言、以探究真伪的自然图景代替探究者有意义的心灵图景的生成，这都是作为元物理学——一切科学的科学——的形而上学的不幸。从超越此岸的自然性在者回到彼岸的生命理智、从超越真伪的题域到思出人生的意义与空洞、从对应性符号语言返归感应性符号语言，这就是作为超物理学的形而上学的涵义。将形而上学凌驾于科学的结果，是其被一切科学所抛弃的命运。形而上学，并不像科学给人普遍的自然图景那样，为人类承诺普遍的本质图景，它所承诺的是形上思者个别的心灵图景。并且，只有在形上之思中，这种心灵图景才有生成的现实性，因而是彼岸的生命理智的展开。生命理智在形上思者承受了原初观念后终止追问，带着原初观念赴身于意识生命体，在那里根据并立、对立的理性原则造就形上体系及生命理智这种客体化本源的主体——形上思者。

形上语言的超验性表明：科学的任何经验性语言以及他人的超验性形上语言，在形上之思中失效。在个人开始形上之思前，他没有任何现成的事实材料及他人的观念可利用；在形上之思中，他必须以个别性的方式感应普遍自我相对自身的个别性承诺，从中设定仅仅相对自身存在的超验性。形上体系中的个别原初观念和由赴身观念所造就的一切观念性理念，既不受科学经验的限制，也不受他人感应到的超验性观念的度衡。没有人能够用科学的成果取代形上，没有一个形上思者能够以自己的形上之思代替全部形上思者的形上之思。不过，形上思者往往有这样的冲动。个别形上思者，当且仅当面对普遍自我而思时，他才有本真的个别性和普遍性。

形上对象、语言的超验性，和形上使命的超验性相呼应。形上思者根植于原初观念，按照生命理智工作的法则赴身于自己的心灵，从此生起彼岸化的个别心灵图景。这种彼岸化的个别心灵图景，致使读者在阅读、理解上的困难，因而也是读者面对形上思者的困难。形上思者的意义，即作为个别性存在者的存在因此得以显明。他的人生，因为原初观念在虚无地平线上的生起并在心灵中的赴身，而不再是空洞的、贫之的人生。他所提出的关于人的本质的言说，对他在上的普遍自我和在下的他的个别自我才赋有本质性。换言之，形上思者对人的本质规定性，只是自己作为普遍自我的个别承受者时所感应到的人的本质的一种观念。个别形上思者所思出的心灵图景，仅仅代表他这个普遍自我的承受者承受在上对象的一种可能性。

全超验的形而上学，以自由为原初观念，源于自由这个原初观念同其他观念相比较时的更多的超越性。把理性设定为人的本质的人，离不开自由的我思；把符号理解为人的本质的人，在符号中的能指与所指的过渡时需要自由的发声；将文化当作人的差别规定性的人，更依赖于人在创造文化中自由承受普遍自我的在下承诺、进而将文化心理层面转换为文化精神层面。所以，自由是我存在的前提，是我思、我爱、我为的这种我在方式得以现实达成的条件。自由这个原初观念，使形上思者必须向我思、艺术爱者向我而爱、宗教信徒向我而为。我在中的我，又源于我的肉体生命在上承受普遍自我的承诺。唯有自由中的我，才能承受普遍自我关于我的个别性规定。个别存在者在对普遍自我的自由承受中，生成为形上家、艺术家和宗教徒。他们以形上、艺术、宗教为自己的精神家园，向世人昭示出这个世界还有另一种非现世的指向，一种以独特的观念、形式、信仰为归宿的指向。

　　形上的超验性，使之差别于科学。形上之思越过此岸进入彼岸，在彼岸同生成性的自我照面。在上的彼岸的绝对性，承诺我在下的此岸存在的唯一性。形上思者从外在的指称实体返归"人"这个指称实体，再把自己生成为不可代替的指称实体。它便是形上思者的意义标记。能指指向所指所需要的观念，由此将形上之思内含的照面活动区别于科学的发现活动。前者是在承受生成性的普遍自我中达成的，后者有着现成性的对象期待人去揭示。形上思者在同观念的照面中感应到自己的人生意义。他在存在途中创造了属于自己的原初观念，他用原初观念照亮自己的人生。他在用符号语言将其感应外化时意识到自己的存在和肉身的差别。他自由给予自己的人生以观念性的根据。与此不同的是，科学一方面是其思者关于自然性在者的图景，同时又是对其思者的认识的认识图景。两种图景确定了科学的思者能力的边界。因此，科学的使命，除了认识自然性在者外，还要认识认识本身。在这种意义上，传统哲学的认识论，其实属于一种科学理论，和形上没有关系。它借助对外在的自然性在者的认识，让人认识到自己的有限性。科学家如果不信仰上帝，他便无法摆脱这种有限性的绝对限制；形上家如果自觉不到自己的原初观念是来自普遍自我的在下承诺，他就会将自己的个别形上体系妄称为普遍的形上本身。

　　总之，形而上学不研究事物的本质领域，不给人以知识。它应许人以思想、以个别的心灵图景。它不用对应性的符号语言，因为其语言的感应性让符号的能指与所指在思者自由的发声中指向自己的心灵。此心灵安置于原初观念，呈现形上思者的人生意义及其心灵秩序。形上思者的人生意义，在于他是否感应到自己生命的原初观念、以及是否用这种观念来照亮人生。生命理智的差别性功能，依凭原初观念的赴身，展开自己的运作者的心灵秩序。当然，个别形上思者所感应出的人生意义，并不是人类存在者全体的感应模式。人类存在意义的亮相，依赖于人类存在者全体的形上沉思。这种人类存在者全体的形上沉思，体现在形上史上形上家们的努力中，通过他们得以提升、彰显出来。从他人的形上之思中，思不出我的形上存在的根据。形上思者一旦以他人的形上之思为思的对象，他人的超验之思对这个思者便成了经验之思。这样的思者，背离了形上之思本有的超验性，实际上放弃了形上之思。

形上之思从问开始，问形上思者的个别性依赖于什么样的原初观念，问其原初观念是否有终极的原初性。不过，形上之问的对象，是问着、存在着的问者本身，而不像科学以现成性的事实性在者为问的对象。

个别形上体系的共同性

形上的超验性，程度不同地实现在形而上学史中。形而上学的历史，无非是个别形上之思者设定原初观念的历史。个别形上体系之间的差别，在依托于原初观念这点上内含同一性。它们都以生成彼岸的生命理智为对象。柏拉图的理式存在论、康德的物自体存在论、黑格尔的理念存在论、海德格尔的此在存在论，其实只是其形上思者关于自己的存在的明证，是人的生命理智的不同表象，为人的心灵的不同寄语。有的形上思者纵然认为自己的原初观念是客观的，但它必须以其主观的心灵承受为前提。

个别形上体系，都多多少少采用感应性符号语言。说形上语言是感应性的，是因为任何形上体系赖以存在的原初观念都是其形上思者感应的产物，它不可实证、不可检验。说形上语言是符号性的，因为个别形上体系根植的原初观念对形上家言有明确的所指，它生出一切而不为它所在的形上体系的其他观念所生。日常语言学派把形上语言降卑为哲学语言、再降格为日常语言，要求形上语言应具有日常语言的意义、规则，主张形上语言的意义来自于日常语言。这种哲学同其他分析哲学流派一样，误以现成性的此岸世界为形上的彼岸，相信科学的神化，在对象、语言、使命上最终以科学代替形上。

从科学与形上的语言的差别看，哲学史上的唯物论及观念论（一般译为"唯心论"）分别属于不同的界域。唯物论是一种科学学说，观念论是一种形上学说。以唯物论批判观念论或展开相反的批判，是在混淆了科学与形上的界域后作出的。至少哲学史上的心物关系问题，也是一个界域不明的伪问题。当人以形上语言思自己的人生时，他所照面的便是心灵问题，是他的生命理智如何造就自己的存在的问题；当人以科学语言思自己所思的中介——外在自然与内在肉身——时，他所发现的只是物的问题。心与物展开在不同的界域，两者没有关系。

个别形上体系，在使命上为形上思者承诺其存在意义。当形上思者以符号语言中的所指指向自己的心灵时，其所感应到的观念便构成他的人生意义。柏拉图认为他的人生的、现实的及艺术的意义，无不源于"理式"这个原初观念的朗照。他感应到"理式"的存在，将自己的人生意义显明其中。形上思者，就是在对终极图式（普遍自我）的观念性感应中，生起自己差别于肉体生命的存在，即他不再是等待被虚无化的肉身。他战胜了死亡，因为他意识到在自己死亡后，有不死的原初观念。凭着它，形上思者生存了自己的本质，宣告了自己同本能生存的动物界和与自己共在的他人的差别，朝着远离动物性的方向而努力。形上家的心灵的不可理解性，只是由于它所依托的原初观念的直接承受性。他从不可能的世界中，在现实的世界中，问到了自己的人生意义，明白了什么样的人生是空洞的人生。形上的使命，在于为个别形上思者构造观念性的心灵本源。形上思者所体验到的宁静，正是他同原初观念照面后对其人生意义归向何处的觉悟。

形上的人文性

形而上学在对象、语言、使命中所呈现出的全超验性，同在上的普遍自我以及承诺普遍自我的上帝相关。假如没有上帝这个在上的承诺者，形而上学作为一种精神样式在观念方面的超验性将无从展开。即使展开了，其超验性，因没有上帝的神圣性作保证也会向先验性退化。形上的全超验性，完全由在上的普遍自我在下惠顾于形上思者才成为现实。从承受者角度看，形上思者赴身于普遍自我在下承诺的原初观念，以此生成自己作为人的个别性，这便是形上的人文性。它并不仅仅同作为人而思的形上思者相关联，而且是在和普遍自我的照面中，形上思者才有形上之思。形上的人文性的神圣根源，得自于神圣存在着的普遍自我本身。本真的人文性，必须由上帝的神圣性承诺。因为寄身着人文性的人，本是一个有限的个别存在者；因为个别存在者本身，就是被保证的对象而无能自我保证自己的人文性。况且，人文性不可能得自现成性价值逻辑主体的给与。动物给与人的是动物性，物质性在者应许人的是物质性。这样，人文性的成立，必须取决于神圣性承诺。形上的人文性，即形上以观念的方式承受神圣性所生成的人文性。

形上的人文性，把形上同非形上的科学相区别。个别形上思者，只有在承受在上的普遍自我的承诺中，才生成自己的人文品质。没有在上承受普遍自我的观念性生成活动，形上思者便无所谓人文性。这样，形上之思，就不是关于思者自己作为自然性的肉体生命体的生存之思，也不是关于事实性的在者之思。思者的生存活动以及为之提供场所的自然性在者，因其现成性而同形上之思无关。形上诞生在形上思者的生成性之思中，展开在人以观念的方式承受普遍自我的存在活动中。肉体生命的生存延续、自然性在者的在场，仅仅是形上思者实现形上之思的中介。形上没有具体的现成对象可以拿来思，它倡导人选择形上的方式献身于自己的存在而不是他的生存。在这个意义上，形上就不属于科学。这种人的生命的存在图式，是人从生存中超越走向存在的一种心灵图式。

同其他的人文精神样式一样，凡是人的生存活动，凡是自然性的事实性在者，形上都不以之为对象。只要人存在，只要他愿意将自己差别于肉体生命体的生存，他就可能步入形上之思（艺术、宗教是其中的两种可能性）。形上这种人的生命理智的存在活动，以观念在语言中、在书写中、在文本中为其思者建立有序心灵图式。对个体生命言，形上是人超越有限肉体生命的一种方式；对人类历史言，形上为人实现人类学不朽的方式之一。

形上的人文性，是从形上与形上思者的相关性方面对形上的言明；形上的超验性，把形上同其他精神样式相区别。从前的形而上学，只停留在形上体系的构造上。它们未曾关注形上这种精神样式在形上家、形上书写、形上文本、形上阅读中体现出的内在一贯的特性，没有追问形而上学本身的存在根据及其可能性。在这点上，全超验的形而上学，不同于以前的个别形上体系。它企图解释，并在这种解释中给出关于自身的形上性解释。所以，全超验的形而上学，属于形而上学的存在论释义学。

形上的人文性、超验性，共同指示出一个在个别形上思者之上的普遍自我的存在。正是这个普遍自我，承诺了形上、艺术、宗教这三种精神样式的精神性。不过，在哲学史上，还有一种反形上的形而下学倾向。

形而上学中的形下倾向批判

形而下学以虚无本身为世界及人生的存在本源，把人当作纯粹的事实性在者，认定人同现成性价值逻辑主体没有差别。形下思者，因为不可能在绝对的虚无中存在，因此，当其选择虚无为世界的存在本源时，他必须相信虚无本身是存在性的在者，否则，他便无相信的对象。这从最底层面展示了形下思者所抱有的虚无观念对普遍自我这个存在本身的依赖。但是，形下思者归向普遍自我，他的形下信仰于是转换成一种虚无化的思维方式。凭着这种思维方式，形下思者认定世界的混沌即世界本身的存在，否定价值性的、差别性的、个别性的在场者。这种否定，从否定虚无与存在的差别开始，在人身上对象化为否定人与上帝的差别。但是，形下否定者，又不可能离开自己的肉体生命去否定，不可能放弃自己的肉身所在的场所去抹平世界的差别。在其否定差别的存在中，否定者以肉体生命的方式生存着，在不自觉中自觉地将肉体生命的生存颠倒为人的存在使命。形而下学承诺形下思者一个零度世界，一个没有意义、没有思想、没有价值的世界。在这个世界中，作为存在中介的肉体生命，沉沦为本能的肉身共在的中介。形下思者在共在中向他人宣告的，不是自己的个别性而是与他人同一的肉身。有限性的肉体生存，构成形下思者的无限向往对象。世俗化的不朽代替了人类学的不朽，形下思者随着肉身的消逝，其思也被虚无所废弃。因为，他在形下之思中，获得的仅仅是不会不朽的肉体生命，并将自己的本能性及罪性妄认为自己的本质性及神圣性规定。

形而下学是这样一种形上倾向：其思者在超越现世中承受虚无的承诺，进而从虚无返归现世的、在实现超越的肉体生命，并以肉体生命的生存延续活动代替自己作为人的形上存在。由于形下思者毕竟差别于动物的肉体生存，由于没有将自己的生存安置于自在永在的存在上，他的生命只有躁动和喧哗，以此在盲目的肉身行为中转移自己寻求安息的努力，在言语中赴身于无意义的音响形象。躁动是形下思者转换内心的形上冲动在行为上的方式，喧哗为其言语的方式。形下的事实性世界及其中的肉体生命的生存延续活动，在躁动与喧哗中无意识地实现着。

形下思者在书写方面思出的，是口号型文化。口号，意味着形下思者关于自己的存在的本能性的简略书写。它在书写中，忽略了人的存在世界的丰富性，放弃了人的本质的生成性规定，代表世俗化不朽的文本。形下思者在口号这种文本的书写和阅读中，被造就为群氓的人生形象。个别的存在者在群氓中都是均质化的、消费中的一个环节。这样的个体生命，被寄托在他人的肉体生命上，反对从虚无地平线上生起仅仅属于自己的存在世界。他把形上当作无用的东西搁置起来，在躁动、喧哗、口号中压制自己及他人的形上需要，使所有的存在者作为群氓中的一员忘记其存在的个别性。

形而下学，是形上的反形上性的表达。它通过取消人心中的形上需要来取消形上这种精神样式的超验性及人文性。由于它把人的存在颠倒为生存、把在上的普遍自我降格为虚无、把事实性在者当作价值性在者，形而下学带给人的是没有意义、没有观念、没有理想的世界。在这种空洞的世界，人唯有生成为发泄的群氓。相反，没有盲目的躁动，没有声响的包围，没有对人的存在的简化，就没有群氓，也就不会有关于群氓的形而下学。

形而上学与哲学的差别

价值逻辑论关于形上的超验性的言说，把形上同哲学相区别。希腊词哲学（philosophiā）源于 philosophós 这个词，是爱智的意思。哲学，这种人的爱智活动之一，同科学（物学）相区别。人对智慧的爱，实践在直观对象的差别性及相关性的活动中。在相关的地方直观出差别、在差别的地方直观出相关，这便是人的智慧。科学活动中的概念、哲学活动中的观念，就是表现对象的差别性及相关性的手段。但是，哲学史把概念同观念混淆，导致科学与哲学的界域不明。苏珊·朗格说：哲学的问题涉及概念的内涵及其内在关系而不是报导事实，其作用在于加深对已知事实的理解而不在于增加人类的自然知识。[27]其实，她关于哲学的问题、任务、作用的理解正是出于一种科学的视点。不过，无论观念论哲学还是唯物论哲学，乃至认识论哲学，都同观念、概念相关。哲学或者以外在自然性在者为对象，或者以内在的观念性在者为对象。

诚然，形而上学离不开观念。但是，它既不来自形上思者对外在自然性在者的直观，也不源于对内在的观念性在者的直观。形上观念（如个别哲学体系中的原初观念），源于形上思者在上承受普遍自我的在下承诺。因为，任何经验水平的对象，都无能承诺作为个别形上体系的原初观念本身。在此意义上，形上观念带有超验性的规定性。

形上观念的超验性，把形而上学和哲学相区别。哲学的观念，要么源于个别哲学家的主观预设，要么是他反思外在的自然性在者的结果，同经验水平的世界相关联。哲学观念是人关于此岸世界的观念；形上观念是形上思者关于彼岸世界的观念。正因为是彼岸的，它就不是现成的，乃至于其他形上思者的超验性观念，对在形上之思中的形上思者都是经验性观念。形上思者，必须在在上承受普遍自我的承诺中开始自己的形上之思。他人的形上观念，

---

27 参看苏珊·朗格：《情感与形式》，刘大基、傅志强译，北京：中国社会科学出版社，1986 年，第 13-15 页。

仅仅对他人的形上存在才有超验性。只有个别形上思者在追问自己的人生意义的时候，只有他在以观念的方式提出自己如何存在的时候，同时将这种追问建立在面对绝对的终极的存在本身的时候，个别形上思者的形上之思才呈现在他的人生中。对形上思者，物理事件的规律或概念的内涵及其相关性、事实的报导或解释、人类的自然知识的增加或理解，都同他无关。因此，形而上学不再是供人研究的学问，它不代表一种学问形态。如果研究者在研究中拒绝对自己存在的超验性之思，他能研究出哲学，却不一定能生产出形而上学。形而上学，指一种个别精神样式，是形上思者以形上观念承受普遍自我的在下承诺的样式，是形上思者将自己当作精神性存在者同作为纯粹的精神存在——上帝——相关联的方式。

人类需要哲学，仅仅在形上与科学没有自觉到自己的界域的时候。哲学尽管在科学主义占据主导地位的今天越来越丧失地位，但形上在反抗科学的神化中获得了新生。形上使人在现实的此岸中看到一个理想的、彼岸世界在生起，让人类在强权统治及技术统治下的不自由处境中倾听到自由的召唤。只要人类相信人的存在差别于动物而有精神性，那么，人类就需要形而上学这种精神样式。